# 超级标签

## 重塑用户心智的传播之道

闫跃龙 著

電子工業出版社
Publishing House of Electronics Industry
北京•BEIJING

## 内 容 简 介

品牌形象对于企业来说越来越重要，但是树立良好的品牌形象，在当前这样复杂的舆论环境下并不容易。

《超级标签：重塑用户心智的传播之道》将做品牌形象地比喻成做超级标签，树品牌就是贴标签，扭转不利的品牌形象就是撕标签。而且，该书将贴标签和撕标签分解为具体的方法论，并配合大量的实战案例进行解读，不仅十分实用，还能获得轻松的阅读体验。

从内容的受众上来说，本书既适合初入营销、公关、传播、互联网行业的从业者，也适合具有丰富经验的营销总监和公关总监。对于企业 CEO 来说，本书也是一本了解品牌、熟悉传播的参考书。



**图书在版编目（CIP）数据**

超级标签：重塑用户心智的传播之道 / 闫跃龙著. —北京：电子工业出版社，2019.5
ISBN 978-7-121-36267-5

Ⅰ. ①超… Ⅱ. ①闫… Ⅲ. ①品牌营销－通俗读物 Ⅳ. ①F713.3-49

中国版本图书馆 CIP 数据核字（2019）第 064141 号

策划编辑：陈 林
责任编辑：张彦红
印　　刷：天津嘉恒印务有限公司
装　　订：天津嘉恒印务有限公司
出版发行：电子工业出版社
　　　　　北京市海淀区万寿路 173 信箱　邮编：100036
开　　本：880×1230　1/32　印张：8.5　字数：177 千字
版　　次：2019 年 5 月第 1 版
印　　次：2019 年 5 月第 1 次印刷
定　　价：69.00 元

凡所购买电子工业出版社图书有缺损问题，请向购买书店调换。若书店售缺，请与本社发行部联系，联系及邮购电话：（010）88254888，88258888。

质量投诉请发邮件至 zlts@phei.com.cn，盗版侵权举报请发邮件至 dbqq@phei.com.cn。

本书咨询联系方式：（010）51260888-819，faq@phei.com.cn。

# 推荐序

第一次见到闫跃龙，是 2014 年我在 GE 中国负责品牌公关时，请他从北京到上海给我的团队做一次电商环境的公关分享。作为当时的京东商城公关总监，他分享的眼花缭乱的促销玩法和互联网公关的新“套路”，让我们一群传统工业圈的公关人大开眼界，以至于后来，团队都不爱听我演讲了，他们说闫总讲得好。

再后来我和跃龙竟不约而同地走了同一条路——公关自由人。我们分别从服务了多年的大企业离开，建立了自己的“自媒体+培训+企业咨询”业务。

我们同时在著名的职场技能线上培训平台“好多课”中开设了品牌公关课，还一起合作过几次线下培训课。我经常讲大半天危机公关的方法论，而他在最后两小时“一竿子插到底”，题目就叫“互联网公关如何战斗”。原本下午已经疲倦的学员，被闫老师精彩的案例和总结猛地捅醒，最后都带着满满的收获离开。

我和跃龙都是做传统媒体出身的，后来转行做了公关，在大企业历练，现在又做了公关自由人。我比他大十来岁，我的从业经历和个性让我的风格更偏传统，讲究战略图形的美感，列队出兵的阵容；跃龙则是在互联网的世界里从小河游到大海的人，他深知这个行业灵活多变的传播手法。

我和跃龙都一直在思考，公关人的终极职业目标是什么？除了大公司职务、财务自由等，公关人还能享受的状态是什么？

我问跃龙，离开大公司自己做事情感受如何？

他说最大的好处是自由，你有大量自己可以支配的时间。在企业打工，你付出十分不一定得到十分，而为自己工作，付出和得到的东西能看得特别清楚。

跃龙 60%的时间在做自己的“闫跃龙”自媒体，专注互联网、通信和有关行业的观察；30%的时间在为企业做传播顾问；10%的时间在为企业做培训。

他每周要在自媒体上更新 4～5 篇稿件，其中包括客户委托的营销稿。他 2017 年离开京东，我让他统计一下 2018 年写了多少字，他算了算，平时的文章，加上这本 20 多万字的书，2018 年一共写了 100 多万字。

多数人达不到这样的勤奋，包括我这样号称很能写的人。我更想问他的是，什么样的职场人，什么样的公关人，适合你现在这种自我经营的模式？

闫跃龙说：“核心的问题是建立你个人的超级标签，也就是差异化的核心竞争力，在这个超级个体的时代，每个人都有机会。”

10 多年前的博客时代，他是《通讯世界》主编，也是一个行业的知名博主，笔耕不止。但是平台与内容创造者的权益过于不对等，平台给你推，你才有流量。如今，以微信为代表的自媒体平台对内容创造者的赋能非常大，让你可以在平台完成创作、分发、粉丝互动、变现这一套完整的商业流程。

虽然这样的大环境早就有了，但是个人迈出这一步其实也是挺难的。我问跃龙有什么担心，他说担心这种模式不是模式，没有税后收入，做一点事，挣一点钱；不做事，或者遇到瓶颈，事情做不好了，就一定会紧张。

闫跃龙写过一篇在网上很流行的文章《致大公司工作 3 年以上的人：恭喜你，正在成为废人》，他话说得挺狠：你就是一颗螺丝钉，你这颗螺丝钉只能安装在这一台机器上，离了这个机器，你一事无成，你要从螺丝钉变成一个 U 盘。

这种观点我们在其他“扎心式”自媒体的文章里也看过，我更关注的是螺丝钉和 U 盘这个说法。他说，真正有能力的人，都具有“超级标签”，他们会像 U 盘一样，把自己的知识、能力和经验都留在上面，随便插到哪个电脑上，都能读写和运转。

也就是说，我们必须培养一种将知识和技能在自己最熟悉的环境之外运用的能力。

同样，超级标签也不是你一开始拼命贴就能贴上的，而是在你不断地学习、思考和体验的过程中完成的。

有一位互联网创业家的公司遇到了一点挑战，他在思考品牌和口碑有什么区别，他说这个问题把很多做公关的人都问倒了，可是他觉得明明是很简单的问题。

我说品牌就是你想成为什么，再加上别人怎么看你（口碑）。

媒体圈的朋友说，现在记者出去亮牌子，都爱用“资深媒体人”这个标签。同样，资深与否，看你做过多少年，写出过多少好稿子，也在于你的读者，你的同行是不是认可你的“资深”。

我和跃龙在公关圈有时也被贴上“资深”“大咖”这样的标签，其实我们知道，你给自己贴的标签是否合适，还要看这个标签在用户的眼中能不能“亮起来”。

我很欣慰地看到，跃龙现在用超级标签这个主线，把他这些年对互联网和商业的观察，从品牌公关的角度做了总结和梳理，里面收集的精彩案例，公关大战背后的商业故事，对我们公关从业者而言很有参考意义。

我希望跃龙能继续观察和总结，进一步丰富这套方法论的底层逻辑，让品牌公关这个行业为时代进步提供更大的价值，也为同行年轻人的成长提供更多的指导和帮助。

感谢跃龙，用自己的作品，帮助品牌公关群体记录下这些珍贵的资料，将那些零散的思维、方法整理成理论，并让行业的未来逐渐地清晰起来。

李国威（姐夫李）

知名公关和媒体人，闻远达诚管理咨询创始人

# 自序

2017 年，我正好四十岁，决定从京东离职。彼时，很多人不理解，说你带着 60 多人的大团队，各种项目做得风生水起，为什么要离开？

他们又岂能知道，我的内心早就澎湃不已。现在已经是超级个体的新时代，谁不想出来闯一闯，自己做一个弄潮儿呢？

就拿自媒体来说，对于个体而言，以前从未有过如此好的时代。17 年前，我就是通信行业的知名博主、行业“大 V”，但实际上却名不副实，因为那时全靠第三方平台，作者和粉丝无法直接连接。第三方平台推你，你的文章阅读量就高；它不推你，你的文章就根本没有什么阅读量。那时候读你文章的人，叫作读者，而不是粉丝。

随着移动互联网时代的到来和微信的出现，个体开始迅速崛起。微信等平台提供了诸多赋能的工具，让个体可以发挥自己的专长去连接粉丝，从而脱颖而出。

但从个体到超级个体，能脱颖而出的前提是你必须有一技之长。

举个简单的例子，滴滴出行正火的时候，很多出租公司受到冲击，但是对于司机这样的个体来说，却是机会，因为他们有一技之长：开车。

还有，当社交电商火爆的时候，人人都能赚钱的时代并没有如期而来，反而是“代购”“宝妈”这些群体搞得风生水起，因为他们已经在自己的社交圈中积累起了相当数量的粉丝。

所谓的一技之长，具体来说，就是你必须要有差异化的优势，而且能持续深耕，形成自己的特色。

这就是超级标签。

每一个牛人，都有属于自己的超级标签，而你要想成为牛人，也必须如此。

这也是我决心离开公司，自己创业的原因所在。我坚信，我有这样的超级标签，我希望在实战中检验、实践这样的超级标签。

说起我的经历，实在有些独特。我大学和研究生期间，学的是热物理，毕业后去了 IDG 旗下的《通讯世界》杂志社，从记者一路做到总编，然后在公关公司干了四年，在 2012 年加入京东，先是做公关，然后做新媒体营销，直到后来在消费品事业部做市场部总经理。

看起来，我的经历是不断的“变”，首先是行业之变，从热物理到通信再到电商；其次是领域之变，从媒体到公关再到营销；最后是角色之变，从记者到公关人再到企业部门负责人。由此可知，我经历了营销传播的整个链条，包括了上、中、下游的所有环节。

但实际上，又是“不变”的。无论怎么变，我做的都是“传播”，形成的是“传播专家”这个标签。在做记者时，我在传播新闻事实；在 4A 公司时，我在帮客户进行传播；在电商企业时，我在做电商业务的传播。

更重要的是，我在传播的过程中，逐渐意识到了超级标签的力量所在。用户为什么选择这个品牌，而不选择那个品牌，很大程度上是因为这个品牌已经在用户心智中树立起了一个正确的超级标签。

而且，企业和人在这方面是一致的。我在企业时曾经面试过不少人，深刻感受到，不少的候选人没有超级标签的思维。他们不断地跳槽，结果让自己的身上贴着数不清的标签，而每一个标签都很弱，根本够不上“超级”。就像挖井，每一口井都挖得很浅，可能有的马上就要挖到水了，他们却半途而废。

超级标签是一种思维方式。俗话说，思维方式决定行为方式。这么多年，我渐渐意识到，思维才是最重要的，如果没有正确的思维，细节工作做得再多，都有可能偏离主航道。即使你再努力，但这种努力也对你的职业和人生成长帮助不大。

在本书中，我希望将一些重要的思维方式介绍给大家。

比如，用户思维就是很重要的思维方式。什么是用户思维？就是以用户为中心。新营销和传统营销最大的区别就是用户思维——从用户中来、到用户中去——多发挥用户的力量，让用户帮你策划，让用户帮你传播。

类似的例子还有很多，所以，超级标签是一种思维方式，要建立超级标签，同样需要思维方式的变革。在本书中，介绍了很多类似的思维方式。因为我坚信，思维方式的变革，比起学到一些简单的技巧更有价值。

从行为方式的创新到思维方式的创新，就是一种思维方式：升维。正如刘慈欣在《三体》里面所说，不同维度的生物之间，有巨大的能力差异，就像人类和蚂蚁一样。

在传播中，升维思维是一种重要的思维方式，本质上是从当下的做法中跳出来，从更高的维度去看待问题、解决问题，从而树立一个更高维度的超级标签。

这些思维方式的创新，不仅仅用于传播，也用于商业模式的突破和创新。对于个人的职业发展来说，也极具启发性。

我在研究传播的同时，也在做自媒体。有了超级标签的诸多新思维方式之后，我看一个公司、参加一场活动，自己也会有新的思考和洞察。

诚然，在这个时代，对企业来说，传播的难度越来越大，因为流量越来越昂贵，对用户的时间争夺也越来越激烈。对个体来说，要想脱颖而出也越来越困难。这个时候，更要有超级标签的思维方式。无论是企业品牌塑造，还是个人职业发展，从一开始就要进行超级标签的设计，而且要进行持续的强化。

希望本书能给大家带来帮助。

以上，是为序也。

闫跃龙

2019 年 3 月

# 目录

# 1

# 做传播

## 就是贴标签

## 1. 引子

我在 2012 年 4 月加入京东，彼时，京东还是一个年交易额只有两百多亿元的“小公司”。

几年的时间里，我参与了大大小小的各种电商大战，有京东与苏宁的“815 大战”，有京东与当当的图书价格战，也有京东与天猫的“双十一”大战等。在这些电商价格战中，京东迅速成长起来。

在一次采访中，京东集团 CEO 刘强东笑称，“业界称我为‘价格屠夫’，说实话，价格屠夫这个词，我一直觉得特别难听，如果非要有一个称号的话，能不能叫作‘价格斗士’，这好听多了。”

现在回想起来，电商的本质是零售，而零售的本质就是成本、效率和体验，京东的崛起史，很重要的一点，就是将成本、效率、体验不断地做到极致，然后靠低价这一个“杀手锏”，给自己贴上了“价格斗士”的标签，让自己迅速进入用户的心智。

每个公司都有一个标签，有的是他们渴望的，有的是他们厌恶的；有的是他们有意为之的，有的是无意为之的。在 2017 年 5 月，我离开京东，成为商业观察者，见证了很多公司与标签相关的故事。

例如，2018 年 6 月，联想手机发起“诺曼底计划”，决意重新启用“联想”品牌做手机业务。当时，手机行业已经成为红海，头部的五个品牌占据了超过 90%的中国智能手机市场，很多人都不看好联想手机的复出。但是，联想手机提出了“良心优品，国民手机”的口号，给自己发布的手机贴上了“新国民旗舰”的标签，把价格做到了极致，“竟然”在中国市场上出货量连续 4 个月逆势增长，月均增长速度达到 70%以上，由此站住了脚跟。

又如，在线上与线下融合的大背景下，各个电商、零售平台给自己贴上了不同的标签，百花齐放、争奇斗艳。阿里巴巴提出了“新零售”，京东提出了“无界零售”，苏宁提出了“智慧零售”，国美提出了“共享零售”，腾讯提出要做“数字化助手”的智慧零售等。

在智能手机领域，各种新概念更是层出不穷，比如全面屏就涌现出刘海屏、极点屏、无界屏、升降屏等新标签。可以看出，新技术固然重要，但如何为自己的新技术、新产品贴上适合的标签，重塑用户心智也至关重要。

这就是标签的魔力，甚至毫不夸张地说，做传播就是贴标签或者撕标签，要么在用户心智上贴上一个正面的标签，要么费尽心思撕掉一个负面的标签。换句话，无论是做传播，还是搞营销，都是要找到属于自己的那个超级标签，才能重塑用户心智。

所以，我觉得有必要系统地写一本书，来深入地讲一下标签化的传播之道，这就是本书诞生的原因。

## 2. 什么是标签

标签，原本的含义是“贴在或系在物品上标明名称、用户、价格等信息的卡片”。将标签用于社会生活中，起始于社会学家埃德文·莱默特（Edwin Lemert）和霍华德·贝克尔（Howard Becker），他们在研究“越轨”和“社会污名化”时，提出了著名的标签理论。

他们的标签理论认为，一个人有了“初级越轨”行为（指违反某个群体或者社会的重要规范）时，会被他人贴上“越轨者”的标签，当个体对这种标签产生消极认同时，就倾向于在绝望的情绪下进行更激烈的违法犯罪行为。

在标签理论下，又产生了标签传播的理论。例如，南京大学社会学院朱力教授认为，标签化传播就是指一种自发的认识归类方式，即将某一个事件或者某一个人物自发地归为一类事件或一类人物。

例如，在 2018 年网上出现了一段视频，一个拥有经济学博士学位的人，在高铁上霸占别人的座位，而且还对前来劝阻的乘务员各种胡搅蛮缠，该视频发到网上后，引起了全国人民的愤慨，此人被贴上了“霸座男”的标签。后来，只要有在高铁上霸占座位而胡搅蛮缠的人，就会被贴上类似的标签，于是，“霸座女”“霸座大妈”等标签陆续出炉。

所以，标签传播带来的结果大致是这样的。一旦你给某个事件、某个人物、某个企业贴上了一个标签，一方面，他们将会潜移默化地受到这个标签的影响，或者消极认同，或者进行激烈反抗；另一方面，这个标签以及他们的这些行为，反过来会让公众强化对这个标签的认知，而忽视其他方面的信息。

学术界对于这种标签化传播，通常持批评态度。例如，“贴标签会让社会认知简单化”“别当标签化思维的俘虏”等言论就非常多。

但是，我一直信奉一个观点：存在即合理，对于我们做传播的人来说，不是要试图去扭转一种普遍的共识，而是如何利用这种共识，去实现自己的传播目标。

不管你承认还是不承认，在新的移动互联网时代下，标签化的传播不是减弱了，而是愈演愈烈。如果对此没有深刻的认识，就无法很好地理解标签化传播，更无法真正直击并改变人的心智。

### 3. 标签思维为何大行其道

我认为，在新的移动互联网时代，公众的标签化思维越来越深有三个原因。

第一个原因是群体分化。由于出身背景、教育、职业、财富积累等方面的不同，现在的公众被割裂为一个个的群体，这让不同群体的人有差异极大的观点，这也是我们在做传播时特别需要注意的地方。为什么广告界要说精准营销？为什么电商圈强调千人千面？为什么传播提倡精准思维？就是这个原因。你只有用精准的内容、精准的渠道，才能精准地触达不同群体的人。用一种渠道、一条信息打动所有人的时代早已一去不复返了。

我曾经提出过一个“10w+”（阅读量 10 万人次以上）的

制造公式，是文章实现“10w+”阅读量的一个屡试不爽的方法。即先选择一个群体，然后找到这个群体的痛点，制作刺激他们痛点情绪的内容，必然会迎来这个群体的情感共鸣，带动他们转发，这样“10w+”的阅读量就唾手可得了。

群体分化导致标签对不同群体的人带来的感受有极大的差异，相似群体、圈层的人产生了共鸣和情感共振，进而会团结起来，为自己群体的利益而战。

比如，广告营销圈乙方吐槽甲方的话题屡屡能够创下“10w+”的高阅读量，就是因为平时甲方“压迫”乙方，一旦有乙方吐槽甲方的文章，就能激起乙方这个群体的情绪，让他们获得情感的共鸣，自发地进行传播。

2017 年 7 月 20 日，美国著名摇滚乐队“林肯公园”主唱查斯特·贝宁顿（Chester Bennington）被发现在家中身亡，年仅 41 岁。这样一条新闻迅速传播开来，但是有的人是真的粉丝，转发是为了惋惜、怀念，而还有一些人却在传播一个消息：“听说林肯公园有个人自杀了！”（注：北京有一个小区的名字叫作林肯公园）现在不同群体和圈层的分裂是多么严重啊！

第二个原因是移动社交媒体时代的固有特点。在社交时代，人人都有一个麦克风，不仅传统媒体能够发声，数量超过千万个的自媒体以及通过微博、抖音等渠道的普通人也能够发声，他们的发声不再有那么多的管控，这些都导致信息泛滥。面对信息大爆炸，人总是会条件反射，找到存储或者辨识信息的简单手段，那就是将复杂的信息简单化，这是标签化思维大行其道的重要原因。

而且，媒体或自媒体的增多，会将“热点”推向更“热”的地方。互联网有一个“风口”的概念，说的是一个热点就像一个风口，如果能抓住这个风口，即使是没有翅膀的猪，也能飞起来。在传播中，同样如此，一个热点的报道比起不是热点的报道，效果往往相差好多倍。

第三个原因是人的社会认知特点。从社会认知学的角度来看，人们对一个企业、一个事物、一种现象的看法都会受限于以前潜移默化形成的固有认知。换句话说，由于各种事物的影响因素极为复杂，这是人们陷于纷繁芜杂的细节而难以厘清决定事物本质的主要因素，于是人们常常采用类型化的方式来解释世界。试图将所有发生的事件纳入自己的知识系统中去认识，用自身已有的、习惯的分析框架去分析，并将研究对象化繁为简，以便清晰地把握事物的特征。

标签化就是这种分类方法的具象，是一种错误而懒惰的概括。错误在于它把同一个特征归属于群体中的每一个人，而不管群体成员中的实际差异；懒惰在于不愿意花力气去认真分析，只是简单地将个别性的、特殊性的因素归为现有的、普遍性的结论。

这种人的社会认知特点，在社交时代被进一步放大。媒体的发展，历经了三个时代，第一个时代是电视、广播、报纸、杂志等传统媒体时代；第二个时代是新浪、搜狐、网易等门户网络时代，第二个时代的最大进化，是内容传播速度变快；第三个时代就是微博、微信、抖音等为代表的社交媒体时代。第三个时代和前两个时代最大的不同，不再是内容上的传播，而是以社交关系为纽带的传播。

正如清华大学新闻与传播学院彭兰教授所说："正是人的连接使社会化媒体兴盛的局面日渐明晰，其中的'关系网络'是较为独特的状态与现象，互联网从过去承载内容的页面演变成连接关系的平台，它的重心在从内容向人迁移回归。"

这种关系式的传播，加上群体分化、用户圈层化的特点，使得内容在传播的时候会携带上不同群体的"人"的情绪。在传播中，不同的人会通过转发、评论参与其中，将价值判断、情感宣泄、角色扮演等带入进来，这种情绪的传染，成为传播的放大器、标签的强化剂。甚至毫不夸张地说，现在很多的网友并不关心真相，而更容易受到情感和情绪的影响。

正是因为人的主观原因，加上社交时代关系传播的特点，让标签化思维大行其道。

所谓标签，对于企业来说，既有正面的标签，也有负面的标签，企业传播的核心任务简单来说，就是树立正面的标签、撕掉负面的标签。标签化传播如果操作得当，就能成为超级标签，将能直击公众的内心，树立可持续性的标签效应；但是如果操作不当，也会适得其反，使企业陷入品牌危机。

接下来，本书将深入讲解这种超级标签的理论与实践方法。我相信，这是"稳、准、狠"地改变用户认知，树立企业品牌形象，实现低成本传播的有效路径。

2

# 标签传播的核心：

## 用户的认知管理

### 1. 标签传播的本质

标签传播的本质是什么？是目标用户的认知管理。再说具体点，传播的目的应当产生这样的效果：当一提及你的企业或者品牌的时候，目标用户脑海或者心智中出现的是你希望的那个关键词（标签）。

我曾经在培训中提问：提到京东，你会想到什么关键词？很多人回答是“快”，这就是京东的标签。说到小米，你会想到什么？很多人回答是“性价比”，这就是小米的标签。

但是，用户心智中的现有标签和你期望的理想标签，很多时候并不相同。这就是认知差异（Perception Gap），我们做传播，本质上就是消除这种认知差异，让用户心智中的那个标签符合我们的期望。

例如，京东的“快”标签是正面的，但是京东同时也有另一个标签“3C 垂直购物商城”，这是其不愿意看到的。因为京东希望成为用户一站式的购物商城，吸引更多的女性用户，而不仅仅是“科技宅男”。为了树立“一站式购物商城”的标签，京东推出了 Joy 吉祥物，连续举办时尚大秀，就是希望能够拉近与女性用户的距离。

同样，淘宝既有正面标签“万能的淘宝”，也有“鱼龙混杂”的标签。这个时候，淘宝要想树立起自己高品质的标签，有两种选择：一种是通过提升平台商品的品质，重塑淘宝的品牌；另一种是重新推出一个新的品牌。淘宝双管齐下，在第二种思路上推出了“天猫”这个新品牌，从模式上重构，变 C2C

模式为 B2C 模式，树立起“品质”的新标签。

小米在用户心智中的标签是“性价比”，这对于小米成为“国民手机品牌”起到了很大的作用。但是，当消费升级大潮来临时，这个标签就不一定符合小米的期望了。小米期望在用户心智中的标签是“创新”或者“品质”，要想实现这一点，就需要用有针对性的传播去弥合这种认知的鸿沟。

标签传播的第一步，是准确了解用户心智中的现有标签是什么。一般来说，最好的办法是用户调研，有定性调研和定量调研两类。前者是选取典型用户，采用小组访谈的方式，深入了解用户的内心所想；后者是采用大批量问卷调研的方式，了解一定样本量的用户认知情况。

如果用户心智中的现有标签和你希望的理想标签有差异、有鸿沟，传播就势在必行。要想弥合这种认知的鸿沟，需要三个要素：内容、渠道、行动。内容就是要找到扭转用户认知，树立新标签的核心信息；渠道既指的是媒介形式，也指的是传递内容的形式；行动是临门一脚，是事件营销，是聚合了内容和渠道的一种引爆行为。

如果用比较形象的方式阐述，可以用糖果模型来形容。

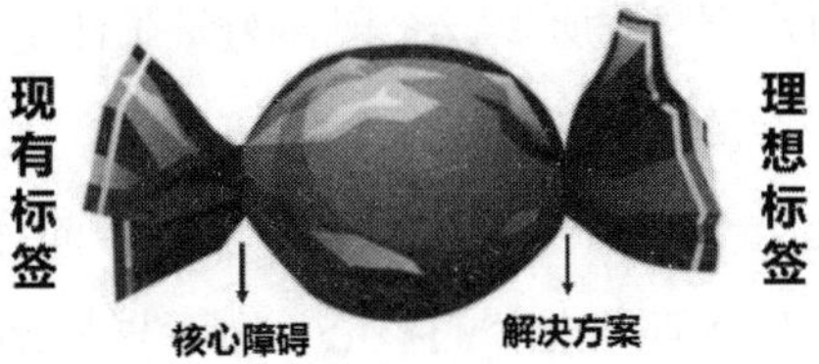

从现有标签到理想标签，核心障碍就是认知的鸿沟，解决方案就是这种鸿沟的弥合。具体来说，就是内容、渠道和行动三要素。无论是弥合鸿沟（正确的传播），还是加深鸿沟（错误的传播），本质上都是这三要素的体现。

所以，标签化传播本质上是认知管理，是内容、渠道、行动三要素的精心设计和正确执行。

## 2. 标签传播的内容：信息房方法论

在内容上，有一个著名的“信息房方法论”，可以用来指导内容的规划和制定。

所谓信息房（Message House），顾名思义，你的信息设计就像是一个房子，它相当于是围绕用户心智树立的标签，是其在传播上所承载的内容的一种浓缩。无论是新闻稿，企业高管的发言稿，发布会的PPT，还是新媒体、广告等，都需要牢牢地围绕这个信息房来做文章。

信息房的房顶是核心信息，即理想的标签。往下有三根柱子，用来支撑这个标签。为什么是三个？因为三个支撑信息符合人们的认知，如果不够三个，支撑就不牢固，如果多于三个，又不容易被用户记住，所以三个刚刚好。在柱子下面，是地基，是更多的事实、数据和案例。

如果我们用一篇稿件来体现这个信息房的话，房顶就是稿件的标题，是整个信息内容的核心；而三根柱子则是三个小标题，地基的事实、数据和案例则是文章的血肉。这样，整个信息内容的体系才会有血肉、有骨架，才能成为足以说服用户改变认知的内容。

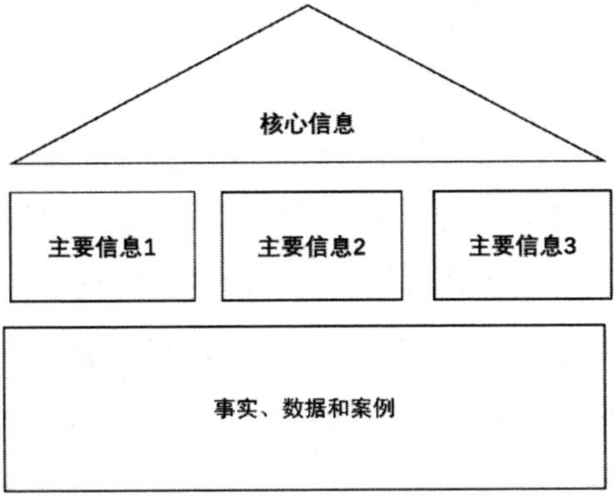


需要注意的是信息房的房顶，也就是那个理想的标签，它是重中之重，也是本书的核心内容。简而言之，这个标签必须符合三个条件：自身特点、用户所向、竞争差异。

自身特点，是说这个标签需要符合自身的特点。比如华为手机将“技术”作为自己的品牌标签之一，是因为其手机芯片的自主研发。

用户所向，是说这个标签需要符合用户的需求点。例如，京东当年主推“品质”的标签，最终脱颖而出，就是符合了消费升级的大趋势。

竞争差异，是说这个标签必须要与竞争对手形成鲜明的区别。在竞争中，尤其讲究差异化，如果你无法和竞争对手形成鲜明的对比，很有可能会导致传播资源的浪费，为他人作嫁衣。在手机行业，OPPO 和 vivo 由于创始人都出身于步步高，产品策略和营销策略比较相似，导致在很长时间内两者都比较相似，很多消费者甚至分不清楚两家品牌。

这里来说说美团标签传播的一个案例。美团由于极速扩张，从外卖到酒店，到旅游，再到出行，与饿了么、携程、滴滴出行等企业“短兵相接”，被贴上了“四处树敌”的标签。在这个标签的背后，是一个信息房，房顶是“四处树敌”导致遇上发展困境。下面是这样的支撑信息：树敌太多，而且敌人都是巨头，难以胜出；扩张领域太多，导致遇上资金链困境；扩张采用补贴的手段，缺乏创新导致恶性循环。

这样的标签对美团带来的负面影响是显而易见的，特别是在融资、合作伙伴方面带来了压力。这个时候，美团必须甩掉这个“四处树敌”的标签，给自己贴上一个新的标签。也就是美团需要给自己的扩张找到足以令人信服的新标签。

美团的这个新标签是“一站式的生活服务平台”，它有自己的理由，即不断扩张的原因是为了给用户提供一站式服务。在美团的信息房中，三点的支撑信息分别是：第一，美团的扩张，目的不是为了与谁竞争，而是为了给用户提供一站式服务；第二，在互联网的新时代，公司要么做大，要么出局，美团只有成为聚合更多服务的超级平台，才能活下来；第三，美团看似在不断扩张业务边界，实际上一直没有远离核心业务，因为，为商户提供的技术解决方案和为用户提供的服务两者的内核是相通的。

所以，摘掉负面标签的过程，也是找到负面的信息房，并设计出正面的信息房，再与之对冲的过程。

### 3. 标签传播的渠道：一个体系和两个战场

渠道，是内容传播的阵地和方式。在这里，我从媒体开始解读。

从电视、广播、报纸、杂志为主的传统媒体时代开始，到2000 年左右门户网站媒体的崛起，再到现在社交媒体时代的流行，中国的媒体环境发生了翻天覆地的变化。社交媒体时代，用户主要的接触媒体变为“两微一端”，即微博、微信和新闻客户端。2017 年以来，“两微一端”正在变成“两微一抖”，即微博、微信和抖音。伴随今日头条用技术分发内容，新闻客户端的发展正在式微，以今日头条、抖音为代表的头条系媒体已经崛起。

媒体领域的另一个趋势是个体化时代的来临，机构化的媒体向下，自媒体向上。据腾讯公布的数据，截至 2018 年 6 月，微信公众号数量超 2000 万个，月活跃账号达 350 万个。如果加上微博、今日头条、一点资讯等自媒体平台，中国的自媒体数量高达千万量级。

现在，一个自媒体“单挑”一个大企业的案例频繁地出现。例如，2018 年 3·15 期间，六六挑战京东，蓝标员工挑战蓝标公司等。

在这样的背景下，对于企业来说，要想在渠道上游刃有余，需要注意“一个体系，两个战场”。“一个体系”，是指企业需要在日常工作中建立起一个良好的媒体关系体系。功夫在平时，绝对不要临时抱佛脚。

首先，企业需要梳理自己所在领域的相关媒体、自媒体的数据库，并且按照影响力和友好度进行排序。如果我们将影响力和友好度都分为三个等级，一个为横轴，一个为纵轴，就可以将每一个记者或者自媒体放在相对应的位置，这样接下来我们就确立了维护和沟通的优先级。例如 A 记者的影响力是 3（最高），但是友好度为 1（最差），就属于需要最优先提升的关系。

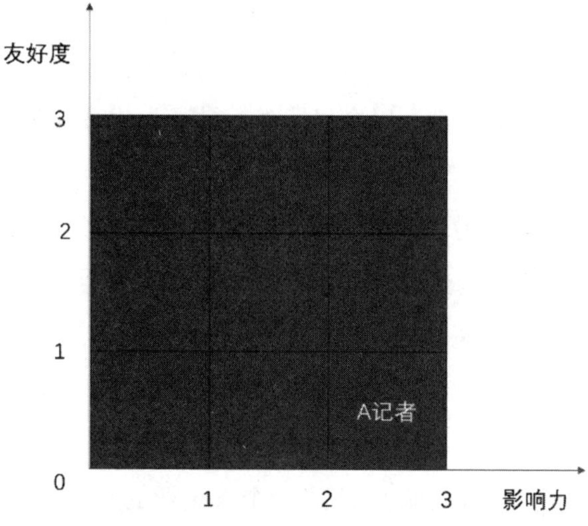


其次，需要建立起系统的媒体维护机制。这里有一个“高、中、低”和“长、中、短”的机制，即尽量要将一个媒体从主编、部门主任、记者、编辑在内的高、中、低级别的人都维护

在内；尽量要兼顾日常和重要节点的沟通维护，无论长期、中期和短期的合作者都要树立起关系。注意，这种系统的维护机制需要结合自己的预算和资源特点。对于大公司需要多方兼顾，对于中小公司则要抓大放小，将资源用在刀刃上。

所谓“两个战场”，是明线和暗线两个战场。明线是官方的对外渠道，不仅包括官方与媒体的渠道，更包括官方自媒体。一定要注意：在社交媒体时代，必须要高度重视企业的自媒体渠道，如企业官方微博、官方微信、官方头条号等渠道的维护和运营，这是企业正面发声的重要渠道，也是自身可以高度掌控的渠道。

暗线是第三方的渠道，很多时候，官方不方便正面发声，就需要沟通媒体或者自媒体来发声，这在互联网时代非常重要。在互联网上，大多数人是跟随者，会跟随意见领袖，出现明显的羊群效应。所以，在处理关键事件的时候，找到意见领袖，与他们沟通，协助你发声，能起到事半功倍的作用。

### 4. 标签传播的行动

无论内容、渠道做得再好，都无法代替行动。可以这样说，行动将能实现话题的引爆，带来更大的传播效力。

行动可以分为造势和借势两种，相比起来，借势热点能获得更高的关注度，而造势的难度相对较大。

在 2014 年，一场“图标大战”对于当年的“双 12”的火爆起到了非常重要的作用，其中借势就是关键。2014 年 12 月

11 日晚上，京东突然发现淘宝的 App 首页的图标变了，并暗示淘宝上的东西便宜。这是一个很好的机会，京东也将 App 首页图标改换，暗示其品质有保障，由此掀起了一场“猫狗”（二者的吉祥物）之间的图标大战。在看到“猫狗大战”后，其他电商觉得这也是一个很好的热点，纷纷借势，比如苏宁将 App 首页的图标改成了“真比猫狗省”，一场电商的 App 图标大战，将当年的“双 12”推向了高潮。

需要注意，行动的本质是话题传播，即行动要能激起利益相关方的话题讨论，这在社交媒体时代尤其重要。可以说，行动只是传播的开始，而非结束。

行动的形式是五花八门的，既可以是宣布一个大新闻，也可以是线上/线下结合的联动。近年来，“报纸整版广告+网络话题讨论”成为一个重要的传播方式。一般来说，报纸整版广告是引子，往往带有一定的悬念，然后网络话题讨论是进一步的发酵，方便话题的讨论程度扩大化。

品牌升级是很多企业都会面临的传播任务，一般会怎么做呢？要么是发布新闻稿，要么是举行正式的新闻发布会来隆重宣布。但是，这些方式都太常规，下面让我们看看唯品会是如何做的。

2017 年 5 月的最后一天，唯品会突然有了一个“大动作”：3 万条官方微博全部被清空，只留下了一个“。”，耐人寻味。这样的反常行为，引发了媒体、自媒体们的猜测和讨论，从而一石激起千层浪。

6 月 2 日上午，唯品会官方微博发布了一篇唯品会副总裁冯佳路执笔的一封信《不仅是句号》。信中对这次清空微博的“大动作”道出了始末，宣布了唯品会使用多年的品牌 Slogan“一家做特卖的网站”，升级为“全球精选，正品特卖”，而清空微博只留下一个句号则代表“一切从‘心’出发”。

看看，这就是行动！唯品会“一言不合”就清空微博，用这样充满悬念的操作方式来引起人们的关注和讨论，随后谜底揭晓，这时候的关注度达到了空前的高度，这就是行动所带来的传播力。

最后，我们来总结一下，标签传播的核心是目标用户的认知管理，本质上是解决用户现有认知和理想认知的鸿沟问题。在解决的过程中，内容、渠道和行动是最重要的三要素，精心设计内容、精心组织渠道、精心策划行动，是标签传播获得成功的关键和保障。

# 3

# 用户为王：

## 从用户中来，到用户中去

接下来，我们开始讲述如何树立标签，并对标签进行传播。我们经常会使用的一个说法是“××为王”，那么在传播上，到底是什么为王呢？

实际上，如果回顾传播的认知变化，就可以看到这个“××为王”经历了几个阶段。第一个阶段是“渠道为王”，最具代表性的是中央电视台（央视）的标王现象，当你拿下央视黄金时段（即新闻联播后、天气预报前）的标王，你做什么广告都很可能赚得盆满钵满。

第二个阶段是“文案为王”，或者叫作“内容为王”，很多人相信传播最重要的是文案，只要文案做好，就能产生现象级的事件。最具代表性的是凡客，“凡客体”就是因为文案实现的“刷屏”。

第三个阶段是“创意为王”，人人都相信好的创意。做头脑风暴就是希望找到一个“惊天地、泣鬼神”的创意。

这三个阶段，代表着传统广告时代和新媒体传播时代。但是，越来越多的人意识到，仅仅凭借渠道、文案、创意，仍然不能保证传播效果达到预期。尤其是在当下这样一个圈层、场景特点各自都很突出的时代，用户之间的喜好越来越不一样，要想靠一个渠道、一个文案、一个创意打动所有人，变成了难以完成的任务。

这个时候，到底什么为王呢？我认为是用户为王，要从渠道、文案、创意为中心，回归到用户为中心。最核心的办法就是以用户为王，即找到用户的痛点，通过精心设计内容、渠道和行动，直击用户的内心。换句话说，在树立你的标签时，最应该具备用户思维。

这种阶段性的变化，折射的是营销的演变。营销的三要素是用户、内容、场景，正如零售的三要素是“人、货、场”一样。营销的开始是场景（渠道、媒介）为王，然后是内容为王（文案、创意），现在则是用户为王。有意思的是，这和零售的演变有异曲同工之妙。最早的时候，因为商品的种类和数量都不丰富，零售是以货为中心；后来随着商品种类和数量日益丰富，零售是以场为中心，还诞生了沃尔玛、家乐福、淘宝、京东这样的线下和线上的大卖场；而现在，新零售阶段则是以人为中心。

看来，各个行业最终都会殊途同归，变成以人（用户）为中心。

### 1. 企业视角 vs 用户视角

正如之前所说，标签是企业和品牌商希望刻入用户心智中的关键词。这里需要注意，标签和著名的定位理论既有相似之处，也有不同之处。

所谓定位理论，来自美国著名的营销大师艾・里斯和杰克・特劳特所创作的《定位》一书，大意是找到一个差异化的细分领域，然后成为第一，从而在用户心智中占据位置。

标签，既可以是差异化的细分第一，也可以是一个独特的、足以直击用户内心的词语，其含义更加广泛。

制定标签，最核心的内容是从用户需求的角度，找到最能打动用户、直击其内心的那一点。这里面，最重要的是视角问题，即你的眼里到底盯的是谁？如果你眼里盯着自己，是企业视角；如果你眼里盯着用户，则是用户视角。

这一点手机行业表现得特别突出，几乎所有的手机厂商都喜欢讲各种功能、参数。他们的眼里只有产品，从来没有想过现在手机已经不再是一个“发烧友”才买的设备了，而是一个快速消费品了。对于女生来说，可能从来不关心你的光圈有多大，你的屏幕占比是多少，她们想要的只是不同的场景化需求，比如想要一个漂亮的自拍。

有一次去巴黎出差的时候，我买了一个 BOSE QC35 降噪耳机，因为我在网上看到一段文案。

有多安静我来描述一下。你在银行做经理，维护客户关系很艰难，你的职位不上不下。你有房贷和车贷，每月按揭五千元。你孩子的数学成绩不好。你老婆在市人民医院做护士，她母亲有尿毒症并透析多年，她不爱你。你年轻的时候觉得能成一番事业，但现在也就这样，朋友们混得都比你好。你下班在车库停稳车，关掉引擎，呜一声安静了下来。太安静了，你生命中少有这么安静的时刻，你打算发呆十分钟再上楼吃饭。以上就是 BOSE QC 35 的降噪效果测评。

看看，这才是“用户视角”，不是说你的产品有多厉害，而是说用户用了这个产品能获得什么。它描述的是一个场景，它让你一边看一边产生强烈的代入感，你不由自主就受到了感染。这样的营销怎么能不直击内心、打动用户呢？

我在为一个手机厂商做培训的时候，曾经举过两个自己亲身体验的例子。这个手机厂商某款手机主打拍照，有两个主要的特点：一个是拍摄夜景特别厉害，一个是变焦特别强。它推广的时候，主要是说光圈有多大，焦距有几倍，是用工程师的语言来讲述功能和参数的。

但是，我却讲了两个故事。一次是我去芬兰出差，在赫尔辛基赶往坎佩雷的路上，天已经黑了下来，导游突然说，好像有极光，然后临时停车，我们站在路边，头顶是满天繁星，远处果然有影影绰绰的光。这个时候，我拿出手机，调到夜景模式，在呼呼的大风中，我努力用手支撑着手机拍摄，然后神奇的事情发生了，我拍到了绿色的极光！

另一次是某次五一假期前一天，北京很多小学在开运动会，我女儿的学校就在家门口，透过我家的窗户恰好可以看到她们的操场。只是，还是有点远，只能模糊地看到人影。我在想，要是有一个望远镜就好了。突然我灵机一动，手机不是可以拉近放大吗？于是我拿出手机，调到最大变焦模式，终于，我看到女儿了！

这只是两个普通的场景，但是用这样有具体场景的画面来讲一个跟手机有关的故事，比起大多数人不懂的光圈参数、变焦倍数，这无疑更让人有身临其境的感觉，也很容易触动用户。

直击人心，才能更容易地树立起你的标签。

## 2. 功能视角 vs 情感视角

现在，我们知道了标签的制定和传播，需要“用户视角”，而非“企业视角”。

但是，即使是用户视角，也有两种不同的方式：功能视角和情感视角。所谓功能视角，是基于我的产品能为用户带来什么样的体验、价值，着重于功能方面的满足；而情感视角则更进一步，将功能方面的价值升华为一种精神、一种情感，以此和用户进行精神与情感层面的交流。

功能视角和情感视角，一个具象，一个抽象。功能视角再好，也不一定能打动用户，因为不同用户对于功能的需求千差万别。但是，情感视角则不然，在感情方面，人是有一定共性的，这也让情感视角的标签制定方式更打动人，而且效果更持久。

这样说比较抽象，接下来，给大家讲一讲实际的例子。

京东品牌一直以来使用的 Slogan（标语）都是“多快好省”，这就是功能视角，即能为用户带来“商品多、配送快、品质好、价格省”的体验。后来，京东又提出一个新的 Slogan“只为品质生活”，这更偏向于“情感视角”。

再来看手机行业，我最推崇的手机行业的文案有两个。一个是 OPPO R9 的“充电 5 分钟，通话 2 小时”，另一个是 vivo X20 的“逆光也清晰，照亮你的美”。他们之所以做得好，就是因为从“用户视角”和“功能视角”出发，讲述了在快充、逆光拍照这两个场景下，手机给用户带来的价值和体验。

但是，如果我不是一个喜欢拍照的人，那么对“逆光也清晰，照亮你的美”就没有太多感觉。同样，如果我对充电速度不敏感，那么对“充电 5 分钟，通话 2 小时”也就没有那么在意。这就是功能视角的局限之处。

什么是情感视角呢？我们来看看苹果 iPhone X 在宣传、营销上的做法。

2018 年春节前夕，一部由香港知名导演陈可辛指导的短片《三分钟》被“刷屏”。影片讲述了一位列车员母亲过年期间在列车上值班，无法与孩子团聚，仅凭列车靠站的三分钟与儿子相聚的故事。没想到，儿子见到妈妈的时候竟然背起了乘法口诀表，原因是妈妈之前对儿子说，如果不会背诵乘法口诀表，就无法上小学，也无法见到妈妈了。该片根据真实故事改编，尽管只有几分钟，却催人泪下。

这个片子没有去讲 iPhone X 有多强的功能，能给用户带来什么新的功能体验，而只是在片中用小字注明：用 iPhone X 拍摄。

这就是在用户沟通中典型的情感视角，用普世的情感打动人心，而产品和品牌的相关信息被软性地植入其中。这个短片虽然全程只有“用 iPhone X 拍摄”这几个字作为品牌曝光，但是言外之意却很多。例如，仅用 iPhone X，没有用任何专业摄影器材，视频拍摄就能有如此好的实现效果，iPhone X 已经与专业摄影器材不相上下了！

苹果 iPhone X 成功地用这个短片和用户进行了情感沟通，

塑造了自己“专业摄影大师”“温暖”的标签。

事实上，在品牌传播的时候，同时可以有两个方面。一个是功能视角，因为很多时候，功能的沟通是必不可少的；另外一个是情感视角。这两个方面同时做，能收到奇效。

接下来，我们来说说滴滴的例子。滴滴作为网约车平台的领导者，先后收购了快的打车、优步中国，在网约车的市场份额上做到了绝对领先。但是，在平台运营的过程中也有一些司机和乘客不满意的地方，一些恶性事件不时出现，也在损害滴滴的品牌形象。

这个时候，单纯去传播功能，并不能拉近与用户的距离。因此，滴滴在 2018 年上半年对一些司机的温情故事进行挖掘，很好地补充了情感功能，让滴滴的品牌变得有温度起来。

例如，《最后一公里》的视频，就讲述了一个名为老拾的司机的故事。老拾有一个“奇怪的习惯”，就是对坐自己车的乘客，都会提前一公里结单。一公里，对很多人是一段很短的距离，但是对于老拾来说，却有着特殊意义。

原来老拾的女儿，得了一种叫作“克罗恩”的怪病，为了给她治病，老拾起早贪黑，拉活儿赚钱。不过，命运总是捉弄人，有一天，老拾接到通知：旧车车龄即将超过网约车规定的年限。

上天也总是眷顾善良的人，在媒体和滴滴的帮助下，老拾有了合规的新车，女儿的病情也得到了控制。为了表示感激，老拾在一年内 2904 次提前一公里为乘客结单。老拾说过一句很温情的话，他说：“这一公里，是我替女儿说的——‘谢谢’。”

这样温情的故事还有很多被滴滴挖掘出来，这些故事重塑了滴滴司机的形象，他们不再只是茫茫人海中的陌生人，而是一群可爱的、善良的人。这也重塑了滴滴的品牌形象，滴滴不仅与司机、乘客构建起一个出行的平台，而且在“善”上也构成一个“善循环”。从这个角度来看，功能维度和情感维度的融合对于企业标签化的传播十分重要。

情感互动可以带来直击人心的力量。而且，功能和情感本身并不是矛盾的，而是品牌的一体两面，它们相辅相成，才能让品牌真正实现有效的传播。

### 3. 品牌维度 vs 产品维度

在这里，需要给大家提一个醒：千万不要为了品牌而做品牌，要明确产品才是最重要的，才是品牌的强力支撑点。如果没有好的产品就去做品牌，就像一个成语所说：皮之不存，毛将焉附。

有的人会说，我也想做好的产品，但是对于中小公司来说，要想做出好的产品是非常困难的。

其实，这是一个误解。做产品并非那么高深的事情，也不一定非要跨多高的门槛。有时候产品之所以不强，也是视角错了。很多公司的产品之所以发布后没有什么反响，本质上是因为他们做产品是从自我的企业视角出发，闭门造车。你根本没有研究用户的真正需求，又怎么能做出让用户尖叫的产品呢？

看看手机行业，华为是典型的技术派，每年投入巨额的费用在研发上，做出了很多特别厉害的产品。但是，华为模式不是所有手机厂商都能效仿的，那怎么办呢？OPPO、vivo 和小米属于另一派，他们也有创新，是基于用户需求的创新。可别看不起这些创新，它们一样可以做出让用户尖叫的产品，树立起自己的品牌形象。

以 vivo 为例，抓住了人们越来越重视手机拍照这个趋势，一点发力，进行突破。由于手机本身的结构特点，导致前置摄像头普遍难以满足用户需求。于是，vivo 将人像拍摄作为技术突破的切入点，同时也着力解决偏暗环境下的拍摄问题。

vivo 的创新包括，推出了自主研发的 Moonlight 柔光灯，同时也和美国 ArcSoft 公司合作，进行了算法优化，探索在不失去“真”的前提下实现“美”的诉求。

很多人都对 vivo X20 的广告语“逆光也清晰，照亮你的美”记忆犹新。是的，vivo 没有像华为那样做到面面俱到，而是选择了一个用户最在意的点，投入重兵，进行突破，终于形成了自己独特的标签印记。

这种基于用户需求的创新，需要背后有一套机制来保证。据了解，为发现消费者的核心需求，vivo 在 2011 年品牌创立之初就成立了消费者研究部门，该部门年度调研项目达 146 个，针对单品的定性访问有 234 场，有超过 3000 小时面对面的访问时长，定量问卷近 30 万人次。

vivo 不仅研究消费者需求，以优异的产品和品质满足消费者需求，还成立了“向日葵项目”，以检测是否真正满足了消费者的需求。每个产品上市数月后，都会针对该产品进行长达半个月的消费者满意度调查，并将消费者调研结果，作为其产品研发与测试工作考核的关键指标。

OPPO 同样也有一个广告语，大家都耳熟能详，那就是“充电 5 分钟，通话 2 小时”。这个广告语的背后，是 OPPO 在手机快速充电（OPPO 称之为闪充）这一个点上的突破。

早在 2012 年时，随着安卓智能手机的功能越来越多，屏幕越来越大，电池也越做越大。当电池容量超过 2400 毫安时，OPPO 团队意识到充电速度将成为一个大屏时代的“硬需求”。历时两年，OPPO 研发团队终于研发出了 VOOC 闪充技术。

据 OPPO 所做的用户调查数据显示，20%以上的用户因为闪充技术而选择 OPPO 手机。截至 2018 年 6 月，VOOC 闪充技术的用户数量超过 9000 万人。同年，VOOC 闪充技术再次升级换代成为 Super VOOC 超级闪充，10 分钟可以充电 40%，3400 毫安的电池 35 分钟就能充满。

这说明仅靠产品的微创新也可以做出让用户买单的产品，建立自己的标签。所以，要真正树立品牌的独特标签，需要有产品做支撑，而如何实现产品的创新呢？最快的办法就是充分研究用户的需求，选择一个最容易突破的点，给予最好的资源，谋求在这一点上实现突破。

这一个点，就是你的超级标签。

### 4. 让用户帮你策划

要想制定能够打动人心的标签，首先要了解用户，切中他们的痛点。

如何才能了解用户？一种办法是角色转换，换位思考，把自己看作用户，而且是什么都不懂的“小白用户”，以这样的视角去看问题、去思考。

张小龙曾经写过一篇文章《如何把产品做简单》。其中说过这样一段话，“把自己当作傻瓜，这个挺难的，但据我所知乔布斯也是用这个方法，而且他这方面功力特别强，他能瞬间把自己变成一个傻瓜。我就不行，我要经过 5~10 分钟的酝酿才能进入到这种状态，这是非常难驾驭的功力。我观察公司里面有一个人也很厉害，就是 Pony（马化腾），他大概能在 1 分钟的时间内酝酿成功，但是我发现我们的产品经理经常花了 3 天还达不到一个傻瓜的状态，因为他们总是太‘专家’了。你要知道我们有上亿人的用户，他们没有这么多的专业背景，他们决定是否用一个产品只是靠第一眼的感觉或者一两分钟的体验就决定了。”

能像张小龙、马化腾、乔布斯这样将自己变成“傻瓜用户”的人毕竟太少了。那么，我们该怎么做呢？暴风影音 CEO 冯鑫在 2018 年亲自做起产品经理，自己做了一个家庭投影仪：暴风小魔投。他用的办法就是彻底做一个自己需要的产品，这个时候，自己就是用户了。

但是，这毕竟是特例，作为一个公司，肯定不可能只做

CEO 需要的产品或者服务。这个时候，就需要另一种办法，让用户自己参与进来。

最了解用户的是谁呢？一定是用户自己！所以与其关起门来头脑风暴、闭门造车，不如从用户中来，到用户中去，将主导权交给用户，让用户帮助你策划，让用户帮助你传播。

我在京东公关部的时候，曾经接到市场部的一个任务：市场部会在美国纽约时代广场上投放“京东 618”的广告，需要我们对这一事件进行传播。我们本来觉得这件事不错，但是在做了一些功课之后都傻眼了，没想到有那么多的中国公司热衷于在纽约时代广场上投放广告。既然这样，再把此事当作一件大事去传播就很难引起用户的关注了。

这个时候怎么进行传播呢？既然“京东 618”走进美国，就是希望为“京东 618”树立一个“无所不在”的标签。那么，是不是可以搞一个“PS 大赛”，让用户帮助我们，强化“无所不在”的标签呢？

于是，我们就搞了一个“PS 大赛”，拿出一些奖品，邀请网友加入进来，将“京东 618”广告的旗帜插向全世界。最后的结果让我们很吃惊。果然网友是最有才的，最终“京东 618”的广告被“PS”到了各种地方，不仅冲出了国门，还冲出了地球，走向了月球……

智能音箱已经变成一片“红海”，要想脱颖而出，就需要一个独特的标签。喜马拉雅在推出其智能音箱小雅的时候，也充分利用了这种用户思维，让用户帮助他们策划。喜马拉雅为小雅音箱制定的标签是“解决孤独的黑科技”。

必须要说的是，这个标签是成功的。现代社会，生活节奏越来越快，夜生活越来越丰富，然而人们越来越感到孤独无处不在，内心的空虚让人们对生活失去了热情，陪伴的缺失让人们对孤独有更强烈的感受。小雅音箱所带来的丰富多彩的内容，将能给孤独的人带来精神的陪伴，无论是对因父母忙碌而疏于陪伴的儿童，对异地孤身奋斗的空巢青年，还是对子女不在身边的空巢老人，都是如此。

一个成功的标签只是起点，如何将这个标签成功地传播出去，直击人心，才是最终能否成功吸引用户、占领其心智的关键。

谁了解孤独群体的心理呢？不是喜马拉雅营销部的人，也不是喜马拉雅营销部请的广告公司、公关公司，而是孤独群体自己！

2017 年 6 月 20 日，喜马拉雅举行了一场关于孤独的发布会，“孤独”的标签贯穿始终。开场，上海彩虹室内音乐团，演唱了为其量身定制的新合唱单曲《孤独是种病》，歌词描述了一个内心孤独而嘴上倔强的都市青年的 16 个孤独瞬间。活泼直白的文字描述着每一个孤独的时刻，加上严肃优雅的大合唱音乐，更能解读“孤独”的时代情绪。

让我们一起欣赏一下歌词。

又是下雨天 没带伞 巴士只好多坐了几站

热恋的情侣 拥吻在 座位前方 满头大汗

去吃自助餐 取餐回来被收了盘
迪士尼开园 仍没找到同去的伴
这样的生活 我可都没有
我一点都没有
感觉孤单
独自观影六十六场
双人沙发一个人扛
空荡房间里单人的生日派对
午夜办公室里的孤军奋战
睡前的电视不关
起床靠收音机说的早安
医院打点滴忽然而来的内急
也只能 忍到打完
我可一点都不孤单
独自观影六十六场
双人沙发一个人扛
奇怪相亲会 所有人都结了伴
过来要电话 只有那七旬老汉
我可一点都不孤单
其实也期待 回到家 打开门有
暖色 灯光 音乐 陪伴
其实也期待 有人能
陪我说话 终结孤单

——《孤独是种病》 上海彩虹室内合唱团

在发布会的第二天，人民日报官方微博自发发布了“孤独是种病”的微博，并号召网友“哭着转发”。仅仅一天的时间，该条微博就已有 8000 多次转发，4000 多条评论和 1000 多次点赞。

同样，在发布会上，出现了很多孤独的文案。

你有故事，也有酒，但你，有对象吗？

你把暗恋的人，备注名改为了：“正在输入中……”

谁说你没有毅力？单身这件事，你不是坚持了几十年吗？

肺腑千言，只换来了屏幕那头的一个“哦”字。

攒了半年工资，出去旅行，朋友圈点赞的人却只有个位数。

生日那天，收到了很多生日祝福，全是商家发的。

三年时间内，当了五次伴娘，抢了四次捧花，却还是没有遇到另一半。

为什么这些文字能够达到如此强烈的效果呢？据了解，这些关于孤独的文案都是来自用户自己。或许，只有真正孤独的人，才能写出这样刻骨铭心的孤独文案。

喜马拉雅小雅音箱这个“孤独”的标签非常成功，它既是用户的情感视角，又是从用户中来，到用户中去，让用户帮助策划的典范。随着这种孤独感被渲染得越来越强烈，小雅音箱最终“千呼万唤始出来”——拯救孤独。

同样，网易云音乐的乐评专列也是如此。2017 年 3 月 20 日，网易云音乐在杭州地铁的一号线刷满了乐评，通过“看见音乐的力量”和大家共同探讨对“孤独”的理解。与很多地铁广告截然不同，网易云音乐这个广告的文案都来自真实的用户乐评，精选了网易云音乐里面 5000 条精彩乐评，然后按照点赞数进行排列，再用人工筛选的方式筛出 85 条，把它们印刷在杭州地铁一号线里面。

地铁列车做广告并不新鲜，网易云音乐的乐评专列之所以能够直击人心，打动人，就是因为这些乐评来自用户。

同样，我们一起欣赏一下其中的一些乐评。

> 祝你们幸福是假的，祝你幸福是真的。
>
> ——评论于好妹妹乐队《我到外地去看你》
>
> 最怕一生碌碌无为，还说平凡难能可贵。
>
> ——评论于白亮/赵静《孙大剩》
>
> 你别皱眉，我走就好。
>
> ——评论于刘若英《很爱很爱你》
>
> 哭着吃过饭的人，是能够走下去的。
>
> ——评论于 Doughnuts Hole《おとなの掟（成人法则）》
>
> 我在最没有能力的年纪，碰见了最想照顾一生的人。
>
> ——评论于老狼《同桌的你》
>
> 任她们多漂亮，未及你矜贵。
>
> ——评论于郑秀文《终身美丽》

直击人心，就是从用户中来，到用户中去。

## 5. 做好内容，让用户帮你传播

用户思维的极致，是不仅让用户帮你策划，还要让用户帮你传播。

首先来看一组数字。根据微信公布的数据，一篇微信文章的阅读量中，有 80%来自朋友圈，只有 20%来自订阅号的粉丝。

这是一个令人吃惊的数据！这说明，我们想要提升微信文章的阅读量，最重要的不是增加粉丝，而是让看到文章的读者把文章分享到朋友圈之中。换句话说，在社交媒体时代，要想利用好社交流量，就要重视用户自传播的力量，让用户帮你传播。

如何才能让用户帮你传播呢？你要做出好的内容，这样用户才会不知不觉地帮你转发。

例如，2017 年 11 月初，一个名为《世界再大，大不过一盘番茄炒蛋》的视频在朋友圈刷屏。看过的人都说“想哭、想家”。

其实这是招商银行为推广其留学生信用卡而推出的宣传视频。视频中大致是说一位留学生要给小伙伴做一盘番茄炒蛋，不会就求助大洋彼岸的父母，父母深夜起来教他，最后成功，这位留学生才意识到两地的时差，于是泪流满面……

这种内容之所以能够被“刷屏”，就是因为触动人之常情，切中了无数人对父母的情感。如何才能做出这样打动人心的内容呢？冲突、细节都非常重要。

《世界再大，大不过一盘番茄炒蛋》将“儿子手忙脚乱学番茄炒鸡蛋”和“父母深夜起床教儿子”的两组镜头剪辑到一起，这种反差满足了传播中的“冲突法则”，具有戏剧效果和情感张力，也很容易让人一瞬间泪目。

同样，在标题《世界再大，大不过一盘番茄炒蛋》上，“世界”与“番茄炒蛋”放在一起，一个很大，一个却非常小、非常普通，本身就有很大的冲突感。

在细节上，有一点特别令人感动，就是儿子在妈妈的视频指导下终于学会了番茄炒蛋，在和朋友们举杯相庆的时候，却忘了妈妈。后来终于看到了妈妈发的好几条短信，再回复时，几乎是瞬间妈妈就进行了回复。这说明，在深夜的国内，妈妈一直守在手机边等着儿子的消息。

好内容并不一定会促使用户转发内容，只有能刺激情绪的内容才会。进一步发问，如何才能刺激用户的情绪呢？还记得我在前面讲的那个“10w+制造”吗？答案就是精准的思维。在做内容的时候，就要想好，你到底是选择哪个群体？你做的内容是否能刺激到这个群体的痛点？

这里给大家讲一个之前在京东操盘过的一个案例。京东需要和联想公司一起推广一款千元智能手机，其主要的用户群体是大学生。这时候，我们想到了一个非常好的渠道：京东的配送车。

可别看不起京东的配送车，这是一个非常精准的渠道。大学、社区、办公大楼等都有京东的配送车来往，这让我们可以通过选择不同的配送车来设计不同的广告方案，精准覆盖不同的人群。

对于大学生，京东推广联想的千元智能手机，我们就有两种操作方式。一种是广告的思维，即在配送车上刷上促销的广告，比如“XXX 手机，低至 999 元”；另一种是利用自传播的思维，在配送车上精心地设计文案，目的不仅要广而告之，还要引发用户的自传播。

我们选择了后者，挑选了 10 个最有话题感的大学，然后给在这 10 个大学校园负责送货的配送车上，涂装上了 10 个不同的文案。比如，北京师范大学因为男女比例失调，所以我们的文案是“师兄师弟无处觅，京东小哥懂你意”；北京交通大学的文案是“她在堵车中，我在配送中”，等等。

最终，这些新奇的文案得到了好奇心强烈的大学生的围观，有不少人拍照发到社交软件上，甚至还引发了不少媒体的报道。这时，利用自传播的目的就达到了！

最后再给大家讲一个例子。2014 年 9 月 20 日，阿里巴巴上市，但是令人奇怪的是，马云没有上台敲钟，作为合伙人的“十八罗汉”也没有，敲钟的人是八个普通的用户代表。

在我看来，这就是用户思维的最佳案例。马云不敲钟，本身就是一个非常出乎意料的“行动”，由此能引起更大的话题关注度。而且，敲钟的八个人都是经过精心挑选的，看看这八个人的名单。

曾经的奥运冠军，现在拥有一家淘宝店的劳丽诗；

从阿里巴巴旗下论坛上成长起来的云客服，“90 后”大学生黄碧姬；

淘宝模特（淘女郎），同时担任自闭症儿童教师的何宁宁；

致力于带动家乡电商发展的农民店主王志强；

以电商带动青川震后恢复的海归创业者王淑娟；

拥有“淘宝博物馆”的十年用户乔丽；

边送快递边为贫困地区收集旧衣旧书，建立两座乡村图书馆的快递员窦立国；

来自美国、通过天猫将车厘子卖到中国的农场主 Peter Verbrugg。

这哪是八个人啊，简直就是八个不同的用户群体！他们分别代表的是明星群体、大学生群体、残疾人群体、农民群体、海归群体、老用户群体、快递员群体、老外群体等。可以想象，八个人的敲钟，只是“用户为阿里巴巴传播故事”的开始。八个人，八个故事，引发的是八个不同群体的讨论，传递的是阿里巴巴帮助八类人成长的信息，树立的是“让天下没有难做的生意”的超级标签。

马云当时的原话是这么说的：“我们努力了 15 年，不是为了让我们自己站在台上，而是为了让他们站在那里，因为我们相信，只有他们成功，我们才会成功。”

这就是标签传播中“用户为王”“用户思维”所带来的神奇力量。从“用户为王”的营销趋势，也可以看出市场营销在发生着深刻的变革，从以前的中心化营销，变成了用户参与的去中心化营销，对于营销从业者来说，需要深刻地认识这种变化。

# 4

# 顾名思义：

## 你的名字是流量入口

读到这里，你是不是已经在思考自己的标签是什么，如何树立自己的标签了？在这一章中，我要告诉你最直观的标签是什么。

## 1. 正如其名

最直观的标签，是你的名字。

中国有一个成语，叫作“顾名思义”，说的就是当人们看到一个事物的名称就能想到它所包含的意义。

对于企业来说，要想树立和展示自己的标签，没有比品牌或者产品的名字更直观的了。

（1）好的名字要通俗易懂，最好能直接一目了然地让用户看懂

我印象最深刻的是京东金融当初在推广一种“先消费，后付款”的产品时，一直在思考叫什么名字。后来决定叫作“京东白条”，这个名字就起得特别好。“白条”，是大家都十分熟悉的词语，用这个名字就通俗易懂地告诉了用户，这个产品可以让你先拿东西使用，后付款，相当于是打了一张白条。

“拼多多”的名字起得也特别好，很直观地就说明了其给用户带来的价值：拼得多，省得多。说到这里，有必要说说拼多多的一个广告神曲，看看其中的一些歌词。

“拼多多，拼多多，我和你，拼多多。来一路一路拼多多，不管有事没事拼多多。拼多多，拼多多，拼得多，免得多。拼

就要就要拼多多，天天随时随地拼多多，拼多多！”

是的，这首神曲的套路就是起名的一个重要秘诀，通过使用用户熟悉的东西，直观显示品牌或产品的功能、价值，让用户过目不忘。

“阿里巴巴”胜在通俗简单，因为全世界都知道“阿里巴巴与四十大盗”的故事。阿里巴巴是一千零一夜童话故事里的一个主人公，阿里巴巴和四十大盗的故事结局是阿里巴巴战胜了四十大盗，满载着金银和财富而归。马云给公司取这个名字也意味着阿里巴巴是一个勇往直前，打开财富大门的勇者。

据说，马云为公司取“阿里巴巴”的名称也有一段故事。最初创立阿里巴巴的时候，虽然创业资本很少，但马云还是将未来的公司定位为全球化的公司，因而名字也应该是响亮的、国际化的。为了注册一个好的名字，马云思索了很久。

直到有一次在美国一家餐厅吃饭时，他突发奇想，找来了餐厅服务员，问她是否知道阿里巴巴这个名字。服务员回答说知道，并且还跟马云说阿里巴巴打开宝藏的咒语是“芝麻开门”。之后马云又在各地反复地询问他人，经过这个测试，马云发现阿里巴巴的故事被全世界的人所熟知，并且不论是何语种，阿里巴巴的发音也近乎一致。“从我外婆到我儿子，他们都会读阿里巴巴。”就这样，马云一锤定音，将“阿里巴巴”确定为公司的名字。

“阿里巴巴”名称的启示是，如果你的公司想成为国际化的公司，在起名字的时候，也要国际化。而且取名本身就是一段可以传播的故事，都是让品牌丰满起来的素材。

一个公司的中文名字、英文名字、网络域名要尽可能保持一致。京东为此进行了三次改名。最早的时候，京东仅做光磁产品，域名是 www.jdlaser.com。但是随着品类的扩张，京东将域名改为了 www.360buy.com，英文名称也是 360buy。但是，中文名称和域名不一致，导致用户很难形成记忆，京东不得不在搜索引擎的营销上投入大量资金。在 2013 年，京东将域名更改为 www.jd.com，一方面方便用户对于域名的记忆，另一方面也方便自己在国际化上的拓展。

而且，起名字的时候，还需要注意名字在不同地域的不同含义，在某一个地域好的名字，可能在其他地域有负面的含义。罗永浩将自己的公司起名叫作“锤子手机”，本意是致敬工匠精神，但是“锤子”一词在四川话中不太雅观。

罗永浩痛定思痛，还专门写过一篇文章《创业者如何给品牌起一个好名字》。现代营销学之父菲利普·科特勒（Philip Kotler）在《市场营销原理》一书中对于理想的名字提到三个要求：应当表明有关产品的性能和质量；应当易于发音、识别和记忆；品牌名应当独特、鲜明。

“Coca-Cola”曾经的中文名字也很难让人接受和记忆。在刚进入中国的时候，它被翻译成“蝌蝌啃蜡”，这个名字既难听又难看，很难想象有人会在餐厅点一杯“蝌蝌啃蜡”。而现在的名字“可口可乐”，就朗朗上口，并且看起来有欢乐喜庆的画面感。

（2）熟悉的词语+陌生的品类，带来熟悉的陌生感

这个秘诀来自我的朋友小马宋，他认为，一个好的起名方式来自反差和对比，即用一个用户熟悉的词语加上一个陌生的品类。

这种方式的好处是熟悉与陌生，形成对比，带来熟悉的陌生感，强对比能吸引用户的注意。比如，小米手机，就是“小米”这个熟悉的词语加上“手机”这个和小米相比非常陌生的品类。如果是“小米蛋糕”，就不会有这样的对比，反而还会让人误认为是小米做的蛋糕。

小米这个名字的来历也很有意思。雷军和他的“小伙伴们”给公司起名的时候，最早的名字都很奇葩，如红星、千奇、安童、玄德、灵犀等。千奇这个名字，主打的是悬疑牌；而灵犀这个名字，是心有灵犀的意思，主打的是心理牌；而玄德这个名字，来自小米内部在最早讨论公司名字的时候，知春路一所咖啡馆的包厢名，属于“撞名派”；其实最让小米中意的名字是“红星”，国人都非常熟悉“闪闪的红星”，它有很好的辨识度，而且朗朗上口，绝对是一个既通俗又高大上的好名字。但是，这个名字几乎都被商家给用烂了，什么红星酒、红星乳业、红星家具，实在是不好注册，最后雷军等人选了小米。

有人觉得“大米”这两个字不错，但雷军还是认为，现在的手机用户不喜欢高大全的名字，还是叫小米比较好一点。对“小米”这个名字，后来有很多讲究，比如小米公司的 Logo 是一个“MI”，是 Mobile Internet（移动互联网）的缩写，代表

小米是一家移动互联网公司。如果将小米的 Logo 倒过来是一个心字，少一个点，意味着小米要让用户省一点心。雷军认为小米这个名字还蕴含小米加步枪的意思，这跟自己再次扬帆起航，征战商界的理念相符。

类似的还有“瓜子二手车”。优信二手车和瓜子二手车，哪个名字起得好呢？按照“熟悉的词语+陌生的品类”的角度，是后者，因为瓜子二手车创造了一种熟悉的陌生感。

这种创造反差的方式，也可以将两个反差比较大的词语放在一起，制造一种新奇的感觉。比如阿里巴巴旗下的飞猪旅行，既是一个动物加一个品类，又是“飞”+“猪”，猪本来不能飞，“飞猪”就会引起人的好奇心。

2018 年 8 月，阿里巴巴发布“飞象”互联网平台，为工业企业提供丰富的解决方案。这个“飞象”互联网平台，同样是一个动物“飞象”加一个品类“互联网平台”，而且“飞”与“象”也形成差异化的强烈对比。此外，如果“飞××”的名称能延续的话，阿里巴巴将能占据这一系列名字，减少以后对用户认知品牌的教育难度。

（3）名字即话题，能引发自传播

还记得我们之前讲的“自传播”吗？好的名字，还在于自带话题，能引发网友的自传播。

“饿了么”就是这样。这个名字切中了用户叫外卖的场景：饿了才会叫外卖。另外，也可以方便企业做很多话题的延展传播。最著名的就是饿了么做的那个广告：饿了别叫妈，叫饿了么。

说到这里，我们来看看 58 速运改名的例子。

2018 年 8 月，58 到家旗下货运平台 58 速运宣布品牌升级，易名为“快狗打车”，其微信、微博也改名为“快狗打车服务号”，并且官方要求运输车辆统一更换车贴为“快狗打车”。

按照 58 速运的官方说法，“快狗”取自 GOGOVAN 的中文名称，“快”意味快速，而“狗”则寓意着忠诚和可靠，两个字放在一起，便是他们想要传达的“快速可靠、值得信赖”的品牌内涵。

但是，新的名字一出来，便引发司机的抗议。因为与猫、兔、羊这些更为中性的动物名称不同，在一定场景下，“狗”字带有贬低和侮辱的语意。“狗奴才”“狗东西”“狗腿子”等都是骂人的词汇。不容否认，58 速运改名快狗，确实非常有冲击力，也因为司机的争议引起了非常大的关注度，但是需要评估这种关注度的增加与对司机群体的伤害，分清楚孰轻孰重，才能知晓这种争议式营销是否利大于弊。

有一个现象很有意思，中国公司特别喜欢取跟动物相关的名称，尤其是互联网公司。中国食品产业分析师朱丹蓬在接受媒体采访时认为，中国企业用动物作为品牌形象是有历史传承和习惯的，“十二生肖是中国特有的，跟普通人的情感黏性也更强一些，中国企业用动物做其品牌形象，是集合了形象化、娱乐化以及粉丝黏性化的作用。”

阿里巴巴就是用动物起名字的高手：天猫、蚂蚁金服、菜鸟物流、飞猪、盒马鲜生……都是大家耳熟能详的好名字。2018年9月，阿里巴巴决定成立一家半导体公司，这家公司的名字叫作“平头哥”，也是马云赐名。

“平头哥”，乍看起来似乎“不明觉厉”，但是这种陌生的感觉反而会激起公众的好奇心，去了解其背后的含义。按照阿里巴巴的官方解释：这个名字来自马云的非洲之旅，“平头哥”是蜜獾的别称，蜜獾是鼬科蜜獾属下唯一的一种动物，栖息于热带雨林和开阔草原地区，是“世界上最无所畏惧的动物”。

在网络上，“平头哥”又演绎出很多段子、故事。比如，有人就总结了“平头哥”的10大铁律等。

归根结底，马云取名“平头哥”是希望通过“名字即话题”的方式引起人们的关注，下定阿里巴巴在拓展半导体领域的决心，最终确立阿里巴巴“技术领先”的标签。

你的名字就是你的流量入口。

（4）让名字动起来

还有一类名字，更绝，可以动起来，可以让看到的人，不由自主地产生动作，或者听到声音，犹如身临其境，给人带来沉浸式的体验。我称之为名字从单纯的文字升级成了多媒体的2.0版本。

字节跳动旗下的短视频平台“抖音”的名字就是这样。抖音妙就妙在这个“抖”字上，当你看到“抖音”，或者听到“抖音”时，你会不自觉地“抖”起来。它用这种形象的词语，诠释出抖音的标签：一个娱乐的短视频互动社区。

阿里巴巴旗下的企业社交平台“钉钉”也是如此。相信用过钉钉的人，对这一点的感受都非常强烈。老板找不到你，就“钉”你一下，非常形象。

说到“钉钉”，值得说一下的是，这种叠字的起名方法挺好，显得亲切可爱，也很年轻化。类似的名字还有：陌陌、滴滴、探探、QQ等。其中，滴滴也可以说是动起来的名字，听到“滴滴”，一下子就想到汽车鸣笛的声音，特别形象。

还有共享单车平台ofo，也特别有画面感，仔细看看，是不是很像一个人骑着一辆单车呢？

## 2. 说说 Slogan 那些事

说完品牌和产品的名字，接下来要说说品牌和产品 Slogan 那些事。

品牌和产品的名字受到的限制比较多，但是 Slogan 则不然，其可以发挥的空间更多。可以说，品牌或者产品的 Slogan，是一个可以大大利用的地方，可以用来正面、直接地阐述你的理想标签、产品意义和品牌愿景等。

如何制定一个好的 Slogan 呢？我同样总结了以下的一些原则。

（1）最简单的，最有力量

少即是多，最简单的，最有力量，也让人印象深刻。比如 Nike 的“Just do it”就是如此。这句 Slogan 是 20 世纪 80 年代 W+K 联合创始人 Dan Wieden 创造出来的，一经推出，就取得了非常好的效果。实际上，这句 Slogan 的灵感来自一个即将被执行死刑的杀人凶手，这是他在临死前说的最后一句话。

类似简明扼要的 Slogan 还有不少。比如，苹果公司在 1997 年时用过的“Think Different”。今天，苹果公司是当之无愧的科技创新者，但 1997 年时的情形却远非如此。彼时的史蒂夫·乔布斯（Steve Jobs）刚刚回归，亟须为陷入困境的公司寻找出路。“Think Different”传递的是一种“独立”的价值观，正如苹果著名的《Apple Think Different》广告片中的文案：“向那些疯狂的家伙致敬，他们我行我素，桀骜不驯，惹是生非，就像方孔中的圆桩，他们用不同的角度来看待事物，他们既不墨守成规，也不安于现状，你尽可以赞美他们，否定他们，引用他们，质疑他们，颂扬抑或是诋毁他们，但是唯独不能漠视他们，因为他们改变了事物，他们让人类向前跨越了一大步，他们是别人眼里的疯子，却是我们眼中的天才，因为，只有疯狂到认为，自己能够改变世界的人，才能真正地改变世界！”

其他还有戴比尔斯（De Beers）的“A Diamond is Forever”（钻石恒久远，一颗永流传），美国运通（American Express）的“Don't Leave Home Without It”（没有它，别离家），宝马（BMW）的“The Ultimate Driving Machine”（终极座驾）。

（2）占位第一

这个方法来自定位理论：找到一个细分领域，占位第一，也是一种 Slogan 的制定方式。乐凯撒的“榴莲比萨创造者”，就强化了乐凯撒的品牌实力和独特性，将榴莲比萨与乐凯撒画上等号。

脑白金的“今年过节不收礼，收礼只收脑白金”，阿里云的“上云，就上阿里云”，阿芙的“阿芙，就是精油”，海澜之家的“男人的衣柜”，都是将自己等同于一个品类，强调占位第一的例子。

注意，这里的定位，定的可以是一个细分人群，也可以是一个细分场景。“看病人，送初元”定的是一个细分人群，而“困了，累了，喝红牛”“小饿小困，喝点香飘飘”“怕上火喝王老吉”则定位的是一个细分场景。

还有，我喜欢的一个“占位”的例子是长白甘泉的“早晨第一杯水，从长白山出发”，它成功地占位了用户“早晨第一杯水”的场景。如果反复强化，当用户早晨起来喝第一杯水的时候，就会记起长白甘泉这个品牌。

在 Slogan 占位上，李宁当年的策略值得我们反思。2010 年，在运动服饰整体低迷的情况下，李宁提出了新的品牌定位“90 后李宁”，同时将 Slogan 从“一切皆有可能”改为“Make the Change”。“90 后李宁”的提出，一方面有李宁成立于 1990 年的暗合之意，另一方面则是品牌年轻化的探索，想要赢取“90 后”年轻群体的青睐，是一场重要的品牌重塑运动。

但是，这种贴标签行动，没有完全得到“90 后”的喜爱，因为他们更倾向于买耐克、阿迪达斯等国外品牌的运动服饰。而且这种过分讨好“90 后”的举动，得罪了原来的老客户群体：“70 后”“80 后”。

以“90 后”概念来做年轻人的市场，本身就不是一个长远的品牌策略，因为“90 后”也必然会老去，“90 后”作为年轻人的“概念”是有时效性的。按照这样的思路，以后还会有“00 后李宁”的品牌升级，这显然不符合品牌资产的构建原则。

最终，李宁在 2015 年重启“一切皆有可能”的品牌口号，这也表明“Make the Change”和“90 后李宁”的品牌占位策略走向失败。

另一个占位相似的案例是恒大冰泉，上市之初，恒大冰泉的 Slogan 为“我们搬运的不是地表水”。这显然是对照农夫山泉的“我们不生产水，我们只是大自然的搬运工”。但是，问题是消费者对于“地表水”还是“深层水”到底哪个好，并无太多的理解；而且，农夫山泉长期的广告，已经将“搬运”这个标签词汇深度强化了，这个时候再拾人牙慧，用“搬运”作标签词汇并不能占据消费者的心智。

（3）直接体现你的标签

好的 Slogan，直接体现你希望占领用户心智的那个标签。

比如，德芙的“牛奶香浓，丝般感受”就很好地体现了这一点。德芙在进入中国的 22 年时间里，不管在产品上，还是广告策略上，都没有离开“丝滑”两个字。“丝滑”就是德芙着力塑造的那个标签。

又如，Subway（赛百味）的“Eat fresh”，核心就在于“fresh”，这也是其希望占领用户心智的那个标签。

今日头条的“你关心的，才是头条”也特别棒，很好地诠释了采用技术算法推荐内容的模式所具有的优点，更精准、更个性化。

（4）从功能到情感

正如本书之前所说，从功能视角到情感视角有很大的变化，品牌 Slogan 采用情感视角，以一种普世的精神传递，更能触动用户。

2016 年，必胜客在国内开了 1500 多家店后，经典“小红帽”下那句英文 Slogan“Pizza and More”更换为“love to share”。这次 Slogan 的更换就是从功能视角到情感视角转变的典型代表。它所要传达的是让顾客到必胜客，不仅仅是感受欢乐，还能将这份欢乐的体验分享给身边的人，使必胜客的美食文化在顾客的心中产生更深的情感印记。

品牌 Slogan 不是简单地拍拍脑袋就有的，而是品牌核心理念的反映，折射的是做产品、做品牌的初心和价值观。

我觉得阿里巴巴的 Slogan“让天下没有难做的生意”非常好，既是用户视角，又是情感视角。而且，这个 Slogan，已经不仅是一个 Slogan，它还是一种信念，一种精神。它对外传播、树立品牌，是指引着公司员工前进的灯塔。

制定 Slogan 也有不少大忌。比如，只说明了你是谁，而没有说明能给用户带来什么。

欧洲航空的 Slogan“Britain's second-largest international scheduled airline（英国第二大航空公司）”就是如此，看到这句话的消费者大概都会在心里嘀咕：第二大有什么意义？

在 Slogan 中，有的企业也特别喜欢用“重新定义”这个词，“重新定义支付”“重新定义摄像”等。但是，说来说去，消费者还是不知道，所谓的“重新定义”到底意味着什么。

还有，就是切忌堆砌一些华而不实的辞藻。记得李靖（李叫兽）曾经提出过一个 X 文案和 Y 文案的说法。X 文案，从自我的角度出发，文字华丽，着重描述“我是谁”“我有什么”；Y 文案，从用户的角度出发，讲述用户价值，文字通俗，着重描述“用户能获得什么”“用户使用后有什么感受”。显然后者更具价值感。

例如，一款耳机的 X 文案是“声声震撼，激发梦想”，而

Y 文案是“犹如置身音乐会现场”；一个旅游公司的 X 文案是“乐享生活，畅意人生”，而 Y 文案是“你做 PPT 时，阿拉斯加的鳕鱼正跃出海面”。

本质上，这都是企业视角和用户视角的问题。

苹果和小米的 Slogan 在这方面做得比较好，值得好好研究和借鉴。比如，乔布斯当年推广 iPod 的时候，Slogan 是“把 1000 首歌装进口袋”，让人一下子就知道 iPod 是干什么用的，有什么独特性。小米体重秤的 Slogan 是“100 克，喝杯水都可感知的精准”，也特别形象，用喝水称重这个场景一下子就突出了自己“精准”的标签。

## 3. 吉祥物动物园

说完了品牌或者产品的名字、Slogan 之后，按照惯例应该说说 Logo，不过，我觉得讲 Logo 的内容已经比较多了，而且 Logo 的大趋势是越来越简单，我就不专门来讲了。

但是，对于吉祥物，我想着重来讲一下。

有没有注意到一种情况，互联网公司特别喜欢吉祥物，互联网几乎快变成动物园了。为什么他们都喜欢找一个动物来做吉祥物呢？

原因之一，是让品牌形象化。动物是有鲜明的性格特征的，当企业有了吉祥物，也就和这个动物的性格产生了某种连接。换句话说，企业希望通过吉祥物来拉近和用户的距离，进行情感的交流。用标签传播的话来说，企业多了一种新的手段来表现、传播自己的标签。

原因之二，是方便传播，而且增加附加值。对于互联网公司来说，很多业务没有物质化的产品，这时候就能借用吉祥物做成 IP，做出很多周边的产品，让品牌实体化。而且，在传播的时候，动物也非常吸引眼球。

以京东为例，推出名为 Joy 的吉祥物，就是为了用这只小狗来表现自己的品牌价值观：对用户忠诚，给用户带来快乐。Joy 小狗的演变也反映了京东战略的变化。最早的时候，Joy 是一只金属太空狗，棱角分明，不太讨女生喜欢，伴随京东在化妆等女性品类上的拓展，京东将 Joy 做了改动，变成了一直萌萌的白色卡通狗。

当然，客观来说，京东的这个小狗吉祥物也自带传播性，因为京东的竞争对手天猫的吉祥物是一只猫，而历来有“猫狗大战”的说法。所以，京东推出 Joy 吉祥物，对于形成“阿里巴巴和京东两大电商二元格局”的印记也起到了一定的作用。

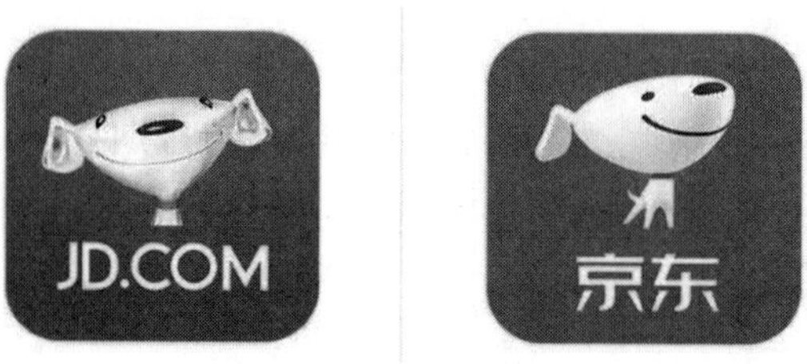


有了吉祥物，吉祥物就成了品牌的化身，传播的手段与场景就可以大大增加。

比如，京东就在 2018 年春节期间推出了一部以 Joy 为主角的贺岁电影《Joy与鹭》。在这部花费一年时间为Joy定制的动画中，无论是从画面，音乐，还是情节来看，都可谓精美优良。在广告中，Joy跟随主人一起去钓鱼，结果在船上遇到了来偷蚯蚓的鹭，双方大战得不可开交；没有带回食物的鹭让鹭宝宝们伤心透顶，而目睹这一切的Joy偷偷拿出了主人钓鱼用的蚯蚓给鹭，而最后收到新鲜食物的鹭给Joy带回了很多新鲜的鱼。

《Joy与鹭》实际上诠释的是京东的转型，从竞争思维到生态思维，讲的是京东的无界零售战略。更重要的是，这个贺岁片开辟了Joy走向IP的发展之路。

天猫的那只小黑猫，也是成功的吉祥物。天猫这个动物后来进一步变成一个品牌的符号，尤其是在“双十一”期间，在天猫与众多品牌、商家共庆的大日子里，天猫这个品牌符号就成了天猫连接品牌、商家的重要桥梁。

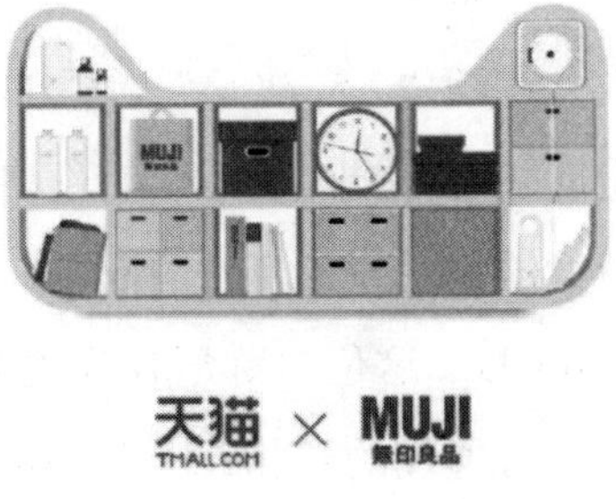


接下来，我们再看看几个特别能代表自己公司标签的吉祥物。

迅雷的吉祥物是蜂鸟，这很好地表现了“快”的标签。蜂鸟飞行时，翅膀的振动频率非常快，每秒在 50 次以上，它能飞到四五千米的高空中，速度可以达到每小时 50 千米。迅雷选择蜂鸟就是象征其超快的下载速度，强悍的下载能力以及能够自由选择的下载方式。

美团外卖的吉祥物是袋鼠，希望传递“全品类”和“配送快”的标签。之前美团外卖的主营业务是餐饮外卖，而目前美团外卖在业务上已经进行了全面拓展，在餐饮之外，还提供商超、鲜果、甜点饮品、鲜花、蛋糕、药品等品类的上门配送服务。选择袋鼠就因为袋鼠“袋子大、囊括物品多、跑得快”啊！

伴随“2.5 次元”时代的到来，现实世界和虚拟世界正在走向融合，吉祥物不仅有性格，更变得越来越像真人。最具代表性的是一位活跃在 Instagram 社交媒体上的网红，她叫 Lil Miquela。这位自称居住在洛杉矶的模特和音乐人女孩，拥有着非常现代的长相：一脸不羁的混血长相，脸上还有小雀斑，就连穿着打扮也与时下的年轻人无异。坐拥百万粉丝的她，可以说是 Instagram 上具有相当号召力的 KOL（Key Opinion Leader，意见领袖），更是在 2018 年 2 月的 PRADA 2018 秋冬大秀之际，负责掌管了品牌的官方运营账户。

实际上，Miquela 是一位完全由电脑程序设计开发的虚拟人物。2017 年，YouTube 博主 Shane Dawson 曾对 Miquela 进行过一次电话采访——是的，你没看错，这位纯粹由电脑程序制作而成的虚拟“网红”接受了电话采访。在电话中，她有着与真人女孩无异的声音，她在电话中非常认真地回复了有关于“自己是否是真人”的问题，“我一直都在被人质疑是否是真实存在的。但是，我现在就真的在这里，并且正在和你讲话。我只是想做一些对世界有益的事情，让这个世界变得更加美好。”

从动物吉祥物到虚拟网红，或许未来对于品牌来说，将开启一个养成时代，不再只有一个吉祥物，而是有很多虚拟的、和真人相差无几的 IP，他们成为承载你的品牌、你的标签的载体。

最后，总结一下，最大的、最直观的标签是你的名字，你的 Slogan 和你的吉祥物，当然还有你的 Logo。所以，在品牌推出之前，要做很多的准备工作，对上述几方面做精心的思考和设计。

# 5

# 平起平坐：

## 和你的偶像强连接

贴标签还有一个更直接的方式：平起平坐。也就是和已经有某个鲜明标签的企业平起平坐，将你们连接在一起，从而在用户心智中形成直接的关联。这是一种四两拨千斤的方法。

## 1. 跨界的关联

跨界的关联，就是当自己的模式或者自己所在的领域并不为人所知时，采用与其他领域相似的企业进行关联的方式，实现给自己贴标签的目的，“××界的××”就是一个非常直接的方式。

例如，在网约车市场，和美团、滴滴等平台不同，高德打车只是一个网约车的信息平台，给消费者提供“货比三家”的报价。高德并没有专门招聘自己的司机和专车队伍，它的策略就是在平台上同时聚集普通出租车、神州、滴滴、首汽、曹操这些公司的乘车报价，让用户对同一段路程的出行需求，能够得到这几家公司的报价，最后乘客只要选择自己觉得综合服务最优的那一家就行了。

为了使自己的模式让消费者一目了然，我注意到，在很多高德打车的传播文章中都将高德打车定位成“网约车界的天猫”。是不是非常形象？电子商务领域天猫和京东的差异大家耳熟能详，美团、滴滴就像京东，自己招聘司机、专车队伍，业务垂直深入；而高德打车则是像天猫那样做了一个平台，用户可以在平台上选择自己喜欢的网约车，就像用户在天猫上可以选择自己喜欢的店铺一样。

我查了一下，“××界的天猫”是很多企业喜欢使用的贴标签的方法。比如，知乎上线“知识市场”，是“知识界的天猫”；定位于全媒体广告交易平台的媒体星球，是“广告界的天猫”；定位于营销推广咨询服务，B2B数字营销撮合平台的镖狮网，是“营销服务界的天猫”，等等。

小米火的时候，也有很多企业将自己类比成“××界的小米”。在这方面，一个叫作“爱空间”的互联网家装企业就特别深谙此道，将自己贴上了“装修界的小米”的标签，因为雷军旗下的顺为基金对它进行了投资，它甚至直接将自己称之为“小米家装”。

但是，后来雷军进行了辟谣，“其实小米没有做家装，只是个人在其创业期给予了一些指导，顺为基金有一些投资。小米只做三类五种产品，不会做家装，也不会做房地产。”雷军在接受采访时，希望媒体在报道“爱空间”时，一定不要用“小米家装”。

说到小米，雷军自己也是跨界关联的高手。例如，雷军在一次讲话中透露，做小米的时候，真正学习的是同仁堂、海底捞、沃尔玛和Costco。

他说过，要向同仁堂学习“产品要真材实料”，所以，小米做产品的材料，要全部用全球最好的，甚至可以夸张地说，小米“只买贵的”。

要向海底捞学习如何做口碑，雷军相信口碑，认为最好的产品就是营销，最好的服务就是营销，好东西大家会心甘情愿地帮你推广。

要向沃尔玛和 Costco 学习低毛利和高效率。低毛利是王道。只有低毛利，才能逼着你提高运作效率，小米定价要接近成本。雷军认为高效率就是王道，没有高效率，整个公司会赔得一塌糊涂。

雷军的这个关联是很厉害的，等于给自己贴上了“同仁堂+海底捞+沃尔玛+Costco”的标签。实际上，雷军还给小米贴过一个标签“科技界的无印良品”，这个关联一下子就解释清楚了小米在零售上的定位。

我认为新零售的目标是一个效率的革命，就是要用高效率来实现传统零售业的目标。通过一年半的实践，我认为是完全能做到的，小米之家就是用官方网站的价格来做线下零售的。所以谈到这里大家理解小米的目标是什么了吗？我们就是要做科技界的无印良品，高品质、高颜值、高性价比，而且有丰富的产品组合，用互联网的技术和方法论来做线下零售。

——雷军在 2017 上海国际商业年会的讲话节选

由于我们对国外，尤其是美国的公司都特别敬仰，且很多互联网公司的模式是来自于美国，所以，很多中国的公司，尤其是互联网公司都喜欢类比国外的公司，这样也是在给自己贴标签。

比如，京东就曾经被称之为“中国的亚马逊”，虽然京东自己并不认同这一点，但是不容否认，“中国的亚马逊”的确给京东带来了很大的关注度和讨论。

在 P2P 互联网金融领域，美国这方面的鼻祖是 Lending Club，于是很多互联网金融公司都将自己包装成“中国的 Lending Club”。

还记得本书之前说的美团吗？美团虽然找不到一个对标的企业，但是能找到多个对标的企业，所以，美团定位成了“Yelp + Open Table + Grubhub + Fandango + Tripadvisor + Booking”的综合体。

需要注意的是，这一招也不是万能的。前提有两个：第一，你的商业模式和关联的企业是相似的；第二，你的企业在中国的地位得是领军者。如果不满足这两个前提，强行关联会适得其反。

跨界关联的方式，也有风险，如果你关联的企业出现了问题，你自己也会面临危机。这就像是明星做品牌代言一样，当你的品牌过度与某一个明星关联在一起，如果这个明星有负面新闻，也会自然而然地影响到你的声誉。同理，站在被关联企业的角度，也会莫名其妙地被卷入到一些负面的争议 之中。

所以，跨界关联这种贴标签的方式，需要慎之又慎。选择的关联企业，需要和你的企业匹配，只有这样，才能实现比较好的效果。

## 2. 神奇的字母组合

在互联网行业，有一种神奇的字母组合，即将几个企业的代表字母放在一起，形成组合。这种方式，也是一种“平起平坐”，当这种字母组合被接受、被传播的时候，在人们的心智中，也不知不觉地认为这几个公司的地位是类似的、属性是类似的。

“BAT”是最有名的字母组合了，如果你在互联网行业而不知道“BAT”的话，实在不是一个合格的互联网人。“BAT”是三个企业，分别取自三个互联网巨头公司的名字，B 是百度（Baidu），A 是阿里巴巴（Alibaba），T 是腾讯（Tencent）。BAT 的字母组合，起到了一种贴标签的作用，将这三家公司定义成了中国互联网最具影响力的，最能代表中国互联网的公司。

BAT 的名分非常重要，以至于百度一度发起了“BAT 保卫战”。事情是这样的，在 2016 年到 2017 年年初，百度的股价低迷，一度跌到 600 亿美元之下，业界惊呼“百度从 BAT 掉队”“百度从 BAT 中除名”。这样的论调非常危险，因为一旦这种言论被坐实，世上将不再有 BAT，百度将会掉出互联网第一梯队。

值得注意的是，在这场百度保卫 BAT 名誉之战中，也有聪明的公司借机上位。京东，市值接近 600 亿美元，有媒体提出“JAT”的新字母组合；还有蚂蚁金服，虽然没有上市，但是估值巨大，所以有人提出“ATM”（阿里巴巴、腾讯、蚂蚁金服）的新字母组合。

但是，最终百度有惊无险，在“搜索+推荐”的双引擎战略下，触底反弹，最终市值走出低谷，之后也没有人再讨论将百度开除“BAT”的话题。

在美国，同样有类似的字母组合：GAFA。他们是 Google、Amazon、Facebook 和 Apple，作为美国互联网科技界的四大巨头，统治着美国乃至全世界的互联网技术版图，很多初创企业和投资者想要有所作为都绕不开这四大巨头。

让我们继续回到国内，既然 BAT 已经成为中国互联网界的巨头标志，那么对于其他杰出的互联网公司来说，如何能够借势凸显自己呢？

一种策略是将自己与 BAT 放在一起，造出一个新词。例如，360 将自己与 BAT 放在一起，造出来了“BAT3”；京东将自己与 BAT 放在一起，造出来了“BATJ”。

另一种策略是重打鼓、另开张，完全脱离 BAT，造出一个新的字母组合。这里面，最出名的是“TMD”，即今日头条、美团和滴滴。现在无法考证这个字母组合是谁提的，不过从公开资料来看，今日头条的张一鸣是说 TMD 最多的人。

TMD 的塑造是成功的，也迎合了行业内很多人的心理。BAT 占市场份额巨大，就像是三座大山，让很多创业者感到压力巨大。这时候，TMD 就像是 BAT 之外的后起之秀，像三小龙一样，给创业者和行业以新的希望，所以当时有一个说法：BAT 代表互联网的上半场，TMD 代表下半场。另外，TMD 也有互联网语境下的自传播属性，反而加速了其传播的速度。另一个“MMP”（小米、美团、拼多多），指的是在 2018 年夏天上市的三家互联网企业，也是因为互联网语境的自传播属性很强，被广为流传。

在众多字母组合中，“ATM”需要特别说明一下。“ATM”既可以指“阿里巴巴、腾讯、蚂蚁金服”，也可以指“阿里巴巴、腾讯、小米”。其中，对于后者来说，小米希望自己能和阿里巴巴、腾讯相提并论，改变自己的属性，将自己贴上“互联网公司”的标签。

在很多人眼里，小米的标签是“一家手机硬件公司”，为何小米要将自己贴一个新的“互联网公司”标签呢？答案很简单，因为手机硬件公司和互联网公司的估值千差万别。看看苹果、三星和亚马逊就知道了，苹果公司的市盈率只有 16，三星的市盈率只有 10，而亚马逊的市盈率则高达 194。

在小米上市的关键时期，它最怕的，就是被贴上一个手机公司或者硬件公司的标签，这意味着其估值可能只有 100 亿美元，而非其希望的 1000 亿美元。这就是为什么小米要谈“ATM”，而反对将自己和其他手机品牌比较的原因所在。

值得学习的是小米给自己贴“互联网公司”标签的方式方法。除了“ATM”之外，“硬件综合净利率永不超过 5%”也非常重要。在小米 IPO（首次公开募股）申请前，在小米 6 X 的发布会上，雷军做出了“硬件综合净利率永不超过 5%”的决定，在手机行业引起了非常大的关注。

从传播上来看，“硬件综合净利率永不超过 5%”非常成功。一方面，它体现了小米给用户带来的实惠，在宣布这个决定的时候，雷军说，“这次决定很多董事会成员不理解，他们认为中国产品净利润率 20%~30%的溢价是很正常的，为何么小米不做，反而还要主动把利润率降到 5%以下。”这再一次体现了雷军一直树立的标签：厚道。

另一方面，它体现出小米一直宣扬的理念“我不靠硬件赚钱，而是靠互联网服务来赚钱”，这是最重要的。因为判定一个公司是否是互联网公司的重要标准之一，就是你到底靠什么赚钱。记得之前有人戏称互联网思维是“羊毛出在猪身上，让狗买单”，小米通过人为控制自己的硬件综合净利率，来突出自己互联网服务的属性，必须说：这种传播方式实在是太高了！

### 3. 联合营销

联合营销是平起平坐的重要武器，试想一下，如果你想树立起和 A 企业类似的标签，那一定没有比和 A 企业进行联合营销最好的方式了。

实际上，这些年联合营销变得越来越普遍。为什么会这样呢？仍然要从营销的三要素来分析。营销的三要素是用户、内容、场景，由于用户圈层化越来越明显，对于一个品牌来说，要想影响自己的用户，就需要打破用户的圈层壁垒，通过不同的场景触达用户。要实现这个目的，一种方式是自己做，另一种方式是通过联合营销，借势其他品牌，渗透到相关场景中。

因此，联合营销的本质是用精准的内容，实现无界的场景，进而触达无限的用户数量。

一个经典的联合营销案例是杜蕾斯在 2017 年感恩节的感

谢信案例。在这一年的 11 月 23 日感恩节这一天，杜蕾斯放了一个大招，一口气调戏了十几个品牌。每小时推送一张海报，从上午 10 点开始，一直持续到晚上 10 点。

这些品牌包括绿箭、德芙、Jeep 汽车、宜家家居、美的等，调戏的文案也极具杜蕾斯的风格。如对于绿箭，杜蕾斯说，“亲爱的，箭牌口香糖：感谢你，这么多年，感谢你在我左边，成为购买我的借口”；对于美的，杜蕾斯说，“亲爱的，美的：感谢你，感谢你让生米煮成熟饭”。

随后，这些品牌又回复杜蕾斯，让这场感恩节的营销传播不断推向新的高潮。通过品牌之间的联合营销，杜蕾斯渗透到不同的场景中，触达了无限的用户群体，强化了自己的“幽默有点污”的标签。

2018 年迅速崛起的瑞幸咖啡（luckin coffee），更是联合营销的典型品牌。从网球公开赛到马拉松比赛，从车展到北京国际电影节，甚至很多公司的上市仪式上，蓝色的瑞幸咖啡都无处不在。

联合营销并不仅仅是场景的混搭和联合，更是要基于自身的品牌标签，结合联合的场景，制定精准的内容。瑞幸咖啡联合营销的阵地就是蓝色咖啡杯的封套，结合不同的场景，封套上出现不同的文案内容。例如，瑞幸咖啡在和故宫联合营销时，封套上的文案是“奉天承运，来杯 Luckin”“今日宠幸这杯瑞幸”等；又如，瑞幸咖啡在和 36 氪联合营销时，封套上的文案是“等忙完这一阵，就可以去忙下一阵了”“创业一点也不辛苦，命苦”“投资人秒回了你，那只能说明他碰巧在玩手机”，等等。

瑞幸咖啡不仅仅通过这些花样繁多的联合营销，借势渗透到不同的场景中，触达了越来越多的用户群体，更是借此树立、强化了自己的标签。瑞幸咖啡要树立的标签是什么呢？是咖啡新零售，是新咖啡，它要和星巴克形成鲜明的区别，将星巴克定位成咖啡的过去式，而将自己定位成咖啡的新物种。通过这些联合营销，瑞幸咖啡变得更新潮，一次次地强化了自己的“新咖啡”标签。

在手机行业，这些年最突出的联合营销，莫过于手机品牌和高端汽车品牌的联名定制手机。华为与保时捷，OPPO 与兰博基尼，一加与迈凯伦等，通过这种联合营销，手机品牌贴上了高端的标签。

手机品牌还特别喜欢和 IP 进行联合营销。OPPO 和精灵宝可梦的合作就是如此，OPPO 为了宣传自己的 Super VOOC（超级闪充）技术，与精灵宝可梦展开官方合作，选用皮卡丘担任 OPPO 的电力大使。同时推出定制手机壳、手机主题、移动电源等周边产品。

OPPO 通过和精灵宝可梦的合作，不仅提升了大家对 Super VOOC 这项技术的关注，同时借助皮卡丘这样家喻户晓的动漫人物，传达了 Super VOOC 这项科技技术背后的人文温度。

类似的例子还有荣耀和阿迪达斯的合作，魅族和国家地理杂志的合作，OPPO 和 VOGUE 的合作，一加和 Superdry 的合作等。

除了与 IP 的合作，这种联合营销还可以是品牌与明星，或者品牌与达人的合作。在 2018 年华为 P20 手机发布的时候，华为与著名导演、艺术家王潮歌的跨界合作就值得关注。王潮歌执导了华为 P20 手机发布会，将这场发布会变成了一场科技与艺术结合的盛宴。这种跨界，成功地为华为手机树立起“科技与艺术结合”的新标签，对于开拓女性用户市场起到了重要作用。

所以，如果你想树立或者强化某一个标签，不妨看看这样的标签有没有现成的代表品牌，然后去和这个品牌聊聊，看能不能来一场联合营销的邂逅。

### 4. 跨界的至高境界

贴标签最高的跨界是什么呢？是用跨学科的方式解读问题，如果你能用大家耳熟能详的跨学科理论或者常识来解释你的标签，将能大大增加标签的可信度。

继续来说说美团，大家知道，美团因为扩张而有了“四处树敌”的标签，这时候美团必须找到自己扩张的合理性论据。其中的一个论据是美团说自己的扩张不是为了和其他公司竞争，而是为了给用户提供一站式的生活服务。

只是这样说，并无多少信服力，但是，王兴用一种跨界类比的方式，一下子就说清楚了。

美团点评不是一家竞争驱动型的公司，其实竞和争本身还不是一回事，同向为竞，相向为争，这两个事情是有很大区别的。比方说跑步，大家都是为了到达同一终点而看谁跑得快，并不是为了把对方绊倒，这就是同向为竞。但相向为争，而且即使是争的话，也还有两种，一种是拳击争，一种是足球争。即便说争，美团点评的争也是偏向于足球式的争，美团点评的目的是把球踢进对方的门框里去，并不是为了把对方铲倒，中间一些过人、铲球、假动作的行为可以理解。拳击的争是另外一码事，其胜利意味着把对方打倒，打倒对方是拳击争的目的，但美团点评不是这样的企业。我们从事的行业是竞为主，即使争也是足球式的争，不是拳击式的争。

——王兴的讲话节选

因为他的这个类比特别精彩，所以我直接将这段话的部分内容节选在这里。是不是非常通俗易懂呢？用体育运动来比喻竞争，而且将竞争分为竞与争，一下子就讲清楚了问题的本质。

雷军也曾经用体育界的语言来解释小米的商业模式。他在早期的时候，用“铁人三项”来形容小米的商业模式，即“软件+硬件+互联网”服务。后来，他又将“铁人三项”修正为“硬件+新零售+互联网”三项，其中硬件板块的业务依然是小米自身三大硬件体系：手机、电视和生态链智能硬件；互联网板块的业务包括了 MIUI、互娱、云服务、金融、影业；而全新出现的新零售板块则包含小米商城、全网电商、小米之家、米家有品四项。

他如此解释这个“铁人三项”：“当硬件的核心零售带来大量人流量的时候，小米增加了互联网服务。互联网服务既能够增强我们硬件的用户体验，电商的用户体验，也能够把我们硬件和电商带来的人流量进行有效变现，获取利润，支持公司的持续发展。所以整个小米商业模式的这三个环，构成了整个小米‘铁人三项’商业模式。这一个商业模式形成了一个完整的整体。”

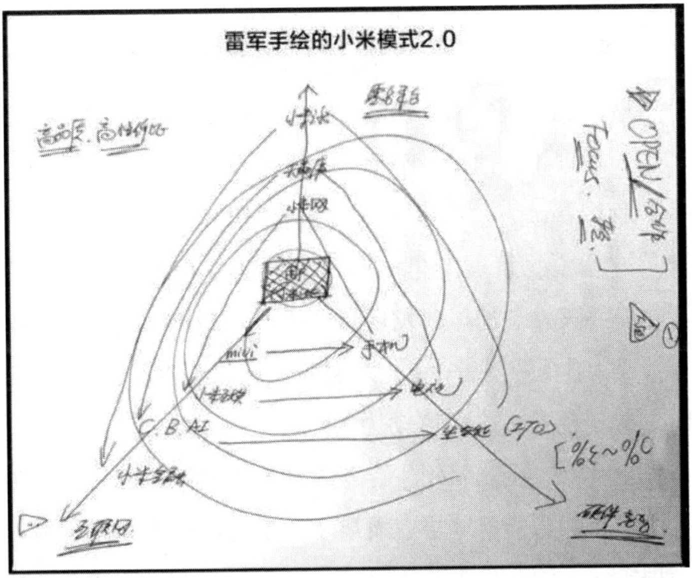

雷军手绘的小米模式2.0

说到小米的商业模式，曾经出现了无数个民间版本的解读，也都试图用跨学科的方式来解剖。比如有人用老子的“一生二，二生三，三生万物”。

所以，当你希望讲述你的标签时，不妨想想是不是可以用类比的、跨学科的方式来解释，这样更容易让用户理解并引起共鸣。

同样是美团，在从外卖行业进军网约车行业的时候，也面临树立一个新标签的问题。美团希望让人们相信，做网约车时对车的调度和做外卖时对人的调度是类似的。其中，有一篇文章《美团是一个比特机器》，用运筹学、生物学等学科的知识，对美团从外卖到网约车的跨界进行了解读和分析，得出了虽然是跨界，但是逻辑是一样的结论。

说到这种跨学科解读的方式，强烈给大家推荐一篇文章《华为之熵，光明之矢》，这是我认为写华为创始人任正非的管理思想最好的一篇文章。它最值得学习的是创造性地用物理学中“熵”的理论，来解读管理学问题。

文章作者认为，熵是无序的混乱程度，熵增的结果就是，世界上一切事物发展的自然倾向都是从井然有序走向混乱无序，并最终灭亡。任正非发现，自然科学与社会科学有着同样的规律。对于企业而言，企业发展的自然法则也是熵由低到高，逐步走向混乱并失去发展动力的过程。

任正非说，企业要想生存就要逆向做功，把能量从低到高抽上来，增加势能，这样就发展了。于是，诞生了厚积薄发的华为理念。人的天性就是懒惰的，追求舒适的，这样企业如何发展呢？于是，诞生了以奋斗者为本，长期艰苦奋斗的华为理念。任正非正是通过洞察人性，激发出华为人的生命活力和创造力，从而得到持续发展的企业活力。

可以说，这篇文章系统地解读了任正非的管理思想以及华为的理念，而物理学的解读方式，也更容易让人们理解，也更好地树立了华为的管理标签。

在跨界方面，阿里巴巴的马云也是一名高手，他将武侠与商业深深地结合在了一起。在阿里巴巴，每个人都有“花名”。例如，马云的花名是风清扬，风清扬是金庸武侠小说《笑傲江湖》里的人物，是金庸小说中剑术达到最高境界的高手之一，熟习“独孤九剑”。张勇的花名是逍遥子，逍遥子是金庸武侠小说《天龙八部》中的神秘人，逍遥派的创始人（祖师爷），他聪明绝顶，神秘莫测。

还记得我们之前讲的“名字是最能体现你的标签”的观点吗？对于一个人来说，名字可能不好改，但是在阿里巴巴，花名也是你的名字，提供了另外一个体现你自己标签的方式。

阿里巴巴有很浓厚的武侠文化氛围，阿里巴巴的创始人是“十八罗汉”。阿里巴巴最初的九条价值观是“独孤九剑”：群策群力、教学相长、质量、简易、激情、开放、创新、专注、服务与尊重。后来浓缩成“六脉神剑”：客户第一、团队合作、拥抱变化、诚信、激情、敬业。公司的各个地方都是用武侠中的地名来命名的，黑木崖、桃花岛、百花谷等。甚至男厕叫听雨轩，女厕叫观瀑亭，很有意思。

2017 年 10 月份，阿里巴巴成立全球研究院，宣布 3 年投资 1000 亿元作为启动资金。阿里巴巴希望用这个举动来彰显自己重视研发的雄心，以此树立自己的技术标签。有意思的是这个全球研究院的命名，它没有像很多公司那样命名为“阿里技术研究院”或者“阿里技术实验室”，而是取了一个武侠的名字：达摩院。阿里巴巴达摩院首任院长张剑锋这样说，在金庸小说中，达摩院代表最高武学机构。我们也希望阿里巴巴达摩院真正做到“侠之大者，为国为民”。

虽然是一个名字，却一下子吸引了公众的注意，强化了阿里巴巴的技术研发标签。

最后，总结一下，贴标签的一个捷径是用关联的方式，将自己和用户已经熟悉的、拥有类似标签的企业进行类比，从而直接触动用户的既有记忆，达到贴标签的目的。所以，在贴标签的时候，不妨想一下，你的产品和品牌在国内外的其他领域有没有可以借势的对象。

# 6

# 冲突卡位：

## 撕是一种生产力

本章将向大家揭示贴标签的一种另类方式：冲突。也经常被叫作撕、怼、公关战等。这种方式顾名思义，就是以“战争”的方式，在冲突中贴上自己特有的标签。

### 1. 冲突的力量

大家有没有发现，在互联网圈子中到处是冲突，大家都热衷于“吵架”。今天你“打”我，明天我“打”你，好不热闹，仿佛每天不搞出点事情出来就不叫互联网公司。电商领域，有阿里巴巴和京东的猫狗大战；二手车领域，有优信二手车和瓜子二手车用户的持续争夺战；还有今日头条与腾讯的“头腾大战”等。

为什么会这样呢？这里面有着复杂的原因。第一，是互联网眼球经济的特点所决定的。眼球意味着关注度，意味着流量，互联网公司之间的冲突，可以为自己带来关注度，带来流量。对于互联网公司来说，最害怕的是完全没有人关注。

同时，热闹程度会从侧面反映出某个领域是否为风口，也有助于加速行业的洗牌。例如，网约车领域当年有滴滴、快的、优步中国等公司大战不断，但是后来随着滴滴对快的、优步中国的并购，现在已经归于沉寂。

第二，是互联网时代的舆论特点所决定的。在互联网时代，人人都可以发声，这造成信息泛滥。这时候，司空见惯的新闻无法从海量的信息中脱颖而出，激烈的商业战争却能引起关注。

第三，是由互联网用户群体特点所决定的。互联网人群呈现出明显的情绪化特征，他们在虚拟世界和现实世界中可能存在不同的精神状态。在虚拟的网络世界里，他们更直接，喜欢围观和讨论热点新闻事件。有一个网络流行词汇很好地形容了这种情况：吃瓜群众。吃瓜群众就是喜欢追逐热点的人，他们可能并不关心事件的真相，而是喜欢凑热闹，评头论足。而吃瓜群众的推波助澜和添油加醋，也使冲突营销变得流行起来。

很多人对冲突营销有误解。比如，有人的认为冲突营销就是发黑稿，背地里抹黑别人。其实，冲突营销的方式有很多，既有光明正大开战的上三路打法，也有发黑稿这样的下三路。现在越来越流行直接开战，冲突也成为一种越来越高阶的公关战、营销战了。

有的人认为，冲突营销就是表面热闹，企业并不能收获什么实际效果。这是一个很大的误解，事实上，很多互联网企业都是借助冲突营销迅速崛起的。

“3Q大战”就是典型的例子，即360公司和腾讯之间在2010年爆发的一场大战。

当时，360和腾讯实力悬殊，360只是一个安全软件厂商，腾讯则已经是中国数一数二的互联网巨头。360向腾讯发起挑战，被很多评论人称为螳臂当车。

在360创始人周鸿祎的自传《颠覆者》中，周鸿祎回忆起当时的情形依然惊心动魄：“360 扣扣保镖一经推出，就受到了QQ用户的强烈追捧，72小时内，装机量突破1000万人次。

用户在安装 360 扣扣保镖后，直接把 QQ 面板上的安全按钮链接到了 360 扣扣保镖上。一时间，核弹引爆。马化腾悲愤地向外界宣布：再过三天，用户可能全军覆没！”

后来，腾讯宣布“二选一”的决定，让用户要么选择 QQ 软件，要么选择 360 安全卫士软件，两者互不兼容。在当时的一个调查中显示：如果在 360 软件和 QQ 软件之间必须卸载一个，46.6%的网友会卸载 QQ，而选择卸载 360 的网友只有 29.8%。

现在看来，360 向腾讯发起的挑战，让 360 成为最大的赢家。当一个普通厂商与一个巨头企业碰撞时，大家往往会在心理上认为两个公司是实力相当的，这是一种错觉。360 因此迅速提高了自己在普通人群中的品牌认知度。两个月后的数据显示，360 的活跃用户为 3.39 亿人，在中国的用户渗透率高达 85.8%，按照用户数计算，360 在短时间内就跻身成为中国第三大互联网公司。

此前我们提到的京东和苏宁之间的“815 大战”又是一例。2012 年 8 月 15 日上午 9 点，京东的大家电产品全线降价，各位采销人员紧盯苏宁，实时调整价格，而苏宁也针锋相对，进行反击。当天，刘强东将全国的众多媒体邀请到了一间会议室，回答所有的问题，“815 大战”迅速成为全国最大的热点新闻，各地的媒体长篇累牍地“直播”大战动态。

在当年“815 大战”的时候，京东和苏宁在家电上相比实力悬殊。苏宁当时的年营业额高达 924 亿元，其中绝大多数是家电；京东的年营业额只有210亿元，其中家电业务的年销售额只有十几亿元。但是，“815 大战”一举扭转了这个实力悬殊的格局。“买大家电，上京东”的超级标签迅速被全国人民所知，京东在大家电类目上上演了以弱胜强的奇迹。

所以，冲突是树立自己标签的一种很好的方式，如果运作得当，就非常有效。

## 2. 以小打大

在冲突营销中，一个非常重要的法则就是“以小打大”。具体来说，在一个小公司和一个大公司的对战中，小公司往往更占便宜，而大公司则很吃亏。

这是什么原因呢？因为一个小公司和一个大公司发生冲突的时候，人们往往会认为这两个公司是处于差不多的水平，大公司被拉低，小公司被拉高。这意味着小公司可以借助与大公司的冲突，迅速树立自己的超级标签。

例如，在“3Q 大战”之前，很多人可能不知道360是谁，甚至有不少人误认为360是做鞋的，因为它和361°公司名比较像。但是，“3Q 大战”之后，360就被很多的用户所知，品牌知名度获得了极大的提升。

在“815 大战”中，大家电业务年销售额只有十几亿元的京东，去和在家电业如日中天的苏宁打，显然京东是赢家；同样，在另一场大战中，360 怒打中国最大的搜索引擎百度，让 360 一举成为中国第二大搜索引擎，成为新业务崛起的最佳范例。

除了企业之间的冲突需要遵循以小打大的原则，企业发言人之间也是如此，尽量要用低级别的人去应对对方高级别的人，即以低打高。如此，可以迅速将对方公司的地位拉低，而抬升自己公司的地位。

这里，给大家讲一个我操盘的案例。2016 年 7 月月初，刚刚上任天猫超市总经理的江畔对外高调发声，称“天猫超市已经成长为目前国内规模最大、进口商品最多、增速最快、用户最多的线上超市”。对此，京东超市有异议，决定对江畔进行反击。

现在问题来了，京东超市应该派谁出马？是级别对等，派京东超市总经理出马？还是更高级别的京东 CEO？

都不是！用以小打大的原则来判定，当时我们派出的是“一个京东超市的采销员工”，以这个小小的员工为主体发出了《京东超市员工致天猫超市江畔先生的一封信》，逐条驳斥江畔的各种“第一”，引发了媒体的各种报道。

在这个案例里面，京东超市一个普通员工对阵天猫超市的总经理，有着极为重要的隐含信息，即战略上藐视敌人，战术上重视敌人。这样的话，京东超市无论在反击内容上，还是在气势上都压倒了对手。

以低打高，还有一个好处是多一条后路。战局变化多端，两军对垒，肯定不能一上来就派主帅出马，先派小兵探路，胜了是惊喜，败了还有更强的后续人选，可以反败为胜。

在冲突卡位中，还有一种情形，是个人打机构。按照上面说的原理，个人打机构，一般来说都是个人更占便宜，个人通过与机构的对战，可以迅速提升自己的知名度。

在这方面，罗永浩是很经典的例子。从当年与西门子对战，在西门子（中国）公司门口怒砸西门子冰箱，到与链家地产的对战，罗永浩迅速爆红，为其后来做锤子手机积累了大量的粉丝和个人知名度。

现在，你知道了以小打大的重要性，但是在选择对战主体的时候，也需要注意，不一定非要和最大的那个对手去打，因为对方很可能根本不理你，最终你只能自娱自乐。

比如，在手机行业中，苹果几乎成为每个中国手机公司对标的对象。但是，苹果对这些挑战一概置之不理，让这些挑战者很是尴尬。

给大家再看一个“以小打大”的经典案例，是“毛巾哥”对战网易严选，在这个案例里有明显的贴标签的策略。

2017 年 5 月，最生活的创始人朱志军，人称“毛巾哥”，指名道姓写了一篇文章给网易创始人丁磊，控诉网易严选上的一款毛巾产品侵权，他的打法是典型的“以小打大”。

注意，这个文章的对阵双方！毛巾哥没有选择所谓对自己产品侵权的网易严选，而是选择了网易的大老板丁磊，为什么？就是因为丁磊是大老板，自己是小创业者，这种标签化的传播之道，容易形成大小之间的对比，从而引发公众的同情。他将丁磊贴上的标签是“互联网巨头、身家千亿元的商业大佬，心中一直敬仰的商业偶像”，抬高对手；而自己给自己贴的标签则是“一家小到尘埃中的创业公司”，拉低自己，对手和自己之间的差距越大，越对自己有利。

这时候，如果你是网易，你怎么回应？答案同样是以小打大的贴标签策略，这时候同样是将自己拉低，将对方抬高。

网易的回应方，不是丁磊，而是网易严选的小编。这又是典型的以小打大。再来看看回应的内容，一方面，网易严选的小编将自己拉低，澄清“网易严选是网易内部孵化的创业项目”，不是大公司对创业公司，而是两个创业公司之间的事；另一方面，是将对方抬高，揪出了“毛巾哥”背后的投资人：雷军。这样，网易成功地撕掉了对方“创业公司”的标签，而且贴上了“雷军系”的标签。

看看，以小打大是多么的神奇！

### 3. 站在正确的制高点之上

在冲突中，另外一个很重要的因素是动机。

两国交战，尤其是当一个国家向另一个国家发动攻击的时候，战争的动机非常重要，它必须正义，站在正确的制高点上。企业之间的冲突，也是如此。你必须站在正确的制高点上，有正确的动机，否则就是无源之水、无本之木。

什么是正确的动机？我认为是一种普世的商业价值观，即在用户端，发起战争是为了给用户带来更好的体验；在行业端，发起战争是为了让行业发展得更好。相反，如果发起战争只是为了自己的利益，这样的动机就不正确，也无法获得用户、行业和舆论的支持。

在“3Q 大战”中，360 和腾讯各自所占的制高点就差异很大。360 推 360 扣扣保镖，让用户可以过滤 QQ 弹窗广告，防止 QQ 扫描用户隐私。从用户端看，是打着为用户带来更加纯净、更加安全的体验；从行业端看，是为了让互联网行业更加创新、开放。这样的制高点就比较牢固。

既然明白了战争动机的两个维度：要为用户好，要为行业好。那么，当你打算向某个行业巨头发起攻击之前，就需要深入剖析这个对手，找到这个对手的两个痛点：它是否有对用户不好的地方？它是否有对行业不好的地方？这两个是你可以做“文章”的地方，可以戳中对方的软肋，也将成为你最好的战争动机。

值得指出的是，所谓战争动机，一定要符合所处行业的大势，是用户最关注的点，这样的战争动机才会顺应民心。

比如多年来的电商大战，早期电商之间的战争都是价格战，打的旗号是给用户带来更多的实惠；而现在电商之间的战争，则是体验战，强调的是能给用户带来更好的体验。从价格到体验，也折射出用户消费升级的大趋势，原来用户在电商平台上买东西确实对价格比较敏感，所以更关注价格；后来随着收入的提高，用户更加关注产品质量、体验。

只有立足为了用户好、为了行业好，才能贴上正面的标签，才能得到用户和行业的支持。否则两个企业为私利而交锋，在外界看来，不过就是耍嘴皮子、打口水战，格调其实并不高。

### 4. 内容为王

在冲突卡位中，内容是非常重要的一个因素，可以称得上是内容为王。

这里说的内容包括企业对外发布的声明、回应，以及新闻发言人或者高管对外接受采访的内容。之所以说内容非常重要，是因为内容是公关战的核心承载体，就像是战争中的武器一样，决定着你的攻击是否具有杀伤力。

要想做好互联网公关战中的内容，需要注意“两内两外”。“两内”主要是指内容的内在逻辑，“两外”主要是指内容的外在表现。

所谓“两内”，是指你发布的内容需要具备两个层次，第一个层次是攻击或者驳斥对方的谬误；第二个层次是阐述自己的核心信息。既然是公关战，是战争，你发布的内容首先就要立足于之前制定的战争动机的制高点，向敌人的弱点开炮，对每一个弱点逐条攻击、驳斥和批判。但是，攻击对方不是目的，真正重要的是阐述自己的优势，这样才能达到提升自己品牌的目的。

需要注意，公关战的时候，一定要牢记：战争只是一种手段，将自己的核心信息传播出去才是目的。这就是公关战内容设计时，需要同时兼顾驳斥对方的信息和传播自己信息的原因。

上面的两个层次达到了，你的内容可以说基本达到了逻辑上的目的。但是，这还不够，如果想锦上添花的话，就需要在

“形式”和“调性”这两个外在表现上下功夫。

在形式上，除了常规的文章，还需要进行形式的创新，比如你是否可以考虑用诗歌体？是否考虑用海报体？是否可以在内容中创造一个金句，它可以是关键词，也可以是一句话，这样更能打动人，带来更广泛的传播。

在“3Q 大战”中，腾讯的《致广大 QQ 用户的一封信》在内容上有一个很有名的金句：我们刚刚做出了一个非常艰难的决定。之所以说是金句，是因为朗朗上口，容易记忆，还能演变成“××体”，带来在网络上的热议和跟风模仿。

除了形式，调性也是可以大做文章的地方。公关大战，剑拔弩张，但是如果能够举重若轻，符合轻松甚至娱乐的调性，反而能够在谈笑间运筹帷幄，起到很好的作用。

我来举一个亲身经历的案例，来讲讲冲突卡位中的内容设计。

2015 年 1 月，方兴东撰写的《阿里巴巴正传》出版，在序言里面，方兴东引用马云质疑京东的发展模式的谈话，从而引起了极大的争议。

京东用官方微信“京东黑板报”发表了《我们会做好自己，时间将证明一切》的回复。在逻辑上，不仅驳斥了书中的观点，而且通过京东和阿里巴巴的模式对比，很好地阐述了京东的商业模式。更重要的是，京东的回应形式非常好，采用对仗工整的诗歌体，一下子就吸引了网友的眼球，获得了大量的转发和点赞。

虽然我们常常相互顾盼，但其实并不同路。

让你如此操心，使我泪流如注。

莫名“感（qi）动（miao）”之后，既然你要穿越三个世纪，那我们相约百年好不好?

改一首诗送给你，时间会证明，它是一个公正的和事佬：

一马悠忽不见，我自躬耕而行。

心怀虚无之念，不必妄自多情。

——京东对“京东悲剧论”的回应节选

马云也通过微博发表了澄清的内容。

上午，收到公关部王老总一条短信：“恭喜您马总，聊天聊嗨了？没想到朋友录音成文吧？”我回他：“防不胜防，下次聊天上澡堂……”

这次聊天，没想到一个朋友把聊天再次录音成文，很多话确实是我说的，但媒体却弄出一个我批评京东的标题文章，传播得很快。友人间的吹牛聊天被公开成报道，对大家都不公平，特别是对京东公司可能会造成无端的困扰和添乱，我深表歉意。

我补充一下我对京东的另外一些思考吧：任何商业模式都是不完美的，没有所谓真正正确的模式。适合自己的鞋子才是最好的鞋子。适合自己理想的，受客户欢迎的就是最好的。如果中国互联网只有一种所谓的正确模式才是我们的悲哀和无知。当然，我们这些创业者都是在每天被人挑战、被人指责下走出来的。今天的京东也已经不是昨天的京东，我们真心关注并祝福它的努力和变革。

——马云的回应节选

马云的回应同样可圈可点，其亮点在于“调性”。马云采用和公关部王老总闲聊的方式，举重若轻般地澄清了自己的言论。一方面对于之前的言论道歉，另一方面是说了自己的思考。一开始，无论从立场，还是从调性，都将自己放在一个老顽童的角色，轻松间化解了一场有争议的危机。

所以，攻击和反击都需要艺术和策略。强烈推荐读者看一下梁实秋《骂人的艺术》一文，这简直是一篇教科书式的文章。

我从这个文章里，就总结了几条反击的妙计。

梁实秋说，“你等他骂得疲倦的时候，你只消轻轻地回敬他一句，让他再狂吼一阵。在他暴躁不堪的时候，你不妨对他冷笑几声，包管你不费力气，把他气得死去活来，骂得他针针见血。骂人要骂得微妙含蓄。你骂他一句，要使他不觉得是骂，等到想过一遍，才慢慢觉悟这句话不是好话，让他笑着的面孔由白而红，由红而紫，由紫而灰，这才是骂人的上乘。”

所以，妙计之一，千万不要在愤怒的时候反击，先让自己冷静一下，然后谋定而后动。别人越激怒你，你越不应该生气，回击的文字也不要带着情绪，当你真的被人看出气急败坏的时候，你就输了一大半。

梁实秋说，“越要骂他你越要原谅他，即便说些恭维话亦不为过，这样的骂法才能显得你所骂的句句是真实确凿，让旁人看起来也可见得你的度量。”

由此，妙计之二，当你反击的时候，需要宽容大度、轻松自如。

梁实秋说，“两人对骂，而自己亦有理屈之处，则处于开骂伊始，特宜注意，最好是毅然将自己理屈之处完全承认下来，即使道歉认错均不妨事。先把自己理屈之处轻轻遮掩过去，然后你再重整旗鼓，着着逼人，方可无后顾之忧。”

### 5. 以彼之道还施彼身

金庸的《天龙八部》里面有一个厉害的角色——慕容复。与姑苏慕容的历代高手一样，慕容复也以武功博学而著称于世，更号称“以彼之道还施彼身”，令江湖中人无不忌惮三分。

在冲突战中，这也是一个高明的策略，“以彼之道还施彼身”就是使用对方类似的文体、手法，借势对方大量的关注度和流量，达到借力打力的目的。

2016 年爆发的“华帝与方太大战”就是这样的经典案例。2016 年 5 月 30 日—6 月 1 日，方太在《京华时报》上连续三天做了整版广告，每个广告只登了一个奇怪的文字图案，下面用小字写着“怎么念？6 月 7 日见！”显然，这是方太在为 6 月 7 日的新品发布会进行预热，三个广告没有署名，是为了制造比较大的悬念。

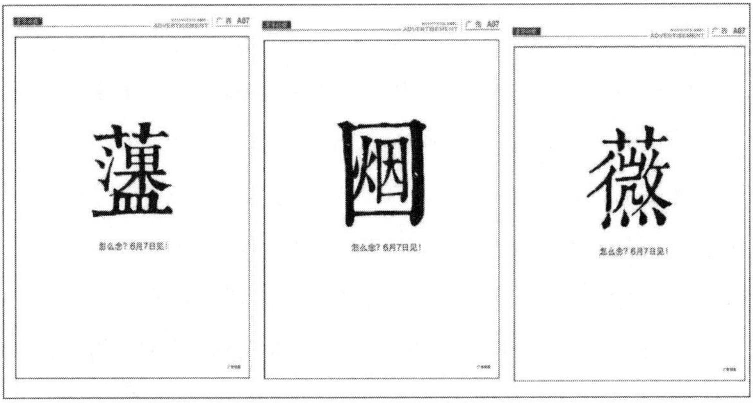


华帝看到了机会，决定向方太发起攻击，它在6月1日的《羊城晚报》上登了三个整版的广告，提前将方太的三个猜字游戏公布了谜底，最后的落点变成了对自己三个产品的宣传。

这就是“以彼之道还施彼身”，方太打出了三记拳，华帝则借力打力，将这三记拳变成了宣传自己的流量。这样，方太在《京华时报》上做的三个整版广告，以及在新媒体上发起的各种猜字游戏，就变成了免费为华帝进行预热。方太没办法，只好提前公布答案，其正常的传播节奏被打乱了。

麦当劳和汉堡王的冲突，也是一个非常经典的案例。2016年3月，麦当劳在法国一条公路边立了一块广告牌，提示大家前方5公里处有麦当劳，并在其旁边又帮汉堡王立了一块广告牌，提示前方258公里处有汉堡王。以此来表达麦当劳的门店比汉堡王多，并将这个内容制作成了视频进行传播。

汉堡王随后发起反击，直接在麦当劳的广告视频后面添加了一段内容：一对夫妻开车经过这两块路牌后，来到了5公里以外的麦当劳，点了一杯大杯咖啡，因为还有253公里的路要走（距离汉堡王还有 253 公里）。汉堡王反击的主旨为：汉堡王门店虽然少，但粉丝依旧忠诚，愿意翻越万水千山来吃汉堡王，并从关心粉丝的角度感谢麦当劳一路喂饱了他们。

汉堡王还在 2016 年万圣节“黑”了麦当劳一把。这一次，汉堡王直接将位于纽约皇后区的一家汉堡王分店打扮成了麦当劳。这家汉堡王将整个门店的外观全部罩上白布，并装扮成“麦当劳幽灵”的模样，白布上印着“McDonald’s”的字样，幽灵的两道眉毛更是像极了麦当劳的标志。连产品的包装盒也一起变成了麦当劳的样子。在门店左边的牌子上印有几行英文，翻译为：“嘻嘻，开玩笑呢。我们的汉堡仍然是火烤的。万圣节快乐。”据悉，汉堡王从 1982 年开始强调其汉堡为火烤烹制，并打出“火烤而非油炸”的标语，直接指向麦当劳油炸的烹饪方式，并向消费者宣传汉堡王的优势。

这就是“以彼之道还施彼身”的魔力所在。

最后，总结一下，冲突卡位的本质是通过冲突这种最激烈的连接形式，将自己与拥有超级标签的对手连接在一起，从而树立自己的超级标签。但是，冲突意味着两个公司的开战，需要特别小心谨慎，要不打无准备之仗，要在冲突对象（Who）、冲突时间（When）、冲突地点（Where）、冲突动机（Why）、冲突内容（What）、冲突策略（How）等方面精心谋划。

# 升维进化：

## 降维打击的秘密

降维打击就像大象踩死一只蚂蚁一样轻松。所以，我们在商业竞争中，要做的是跳出和竞争对手一样的维度，升维进化，才能降维打击。

在知乎上有一个热门问题，“《西游记》中玉皇大帝到底有没有战斗力？”看起来，玉皇大帝战斗力弱，实际上他却是最强的，因为大家根本不在一个维度上。西游记里面的战斗力有武术、法术两维，孙悟空在武术上很强，但是在法术上不行，要不也不会胜不过乾坤圈、金角大王的葫芦，玉皇大帝呢？是比法术还高的维度。

佛祖如来曾经如此评价玉皇大帝：“他自幼修持，苦历过一千七百五十劫，每劫该十二万九千六百年。”相比起来，悟空不过才历三劫。有人比喻，大闹天宫就像隔壁家的“熊孩子”在你家门口捣乱，你本来可以一巴掌“拍死”他，但正常的人都不会这么做，都会叫孩子的家长来收拾他。这就是升维进化的不同。

在标签传播中，升维进化、降维打击要求我们要树立的标签高出对手一个维度，不和他们在红海中竞争。本质上，就是一种差异化，这种差异化带来的是标签的鲜明性。

从方法上来说，可以分为天时、地利、人和三个维度。

### 1. 天时：抓住未来

所谓天时，是过去、现在和未来，是时间的维度。当竞争对手们纠缠于某一个标签的时候，要想实现差异化，就将他们定义为过去或者现在，而将自己定义为未来。

断代的办法是最常见的一种策略，也就是将你所处行业的发展断代分开，将竞争对手放在过去、现在，而将自己放在未来。

举一个例子，2018 年的手机行业，最热的趋势是 AI（人工智能）。这时候，几乎所有的大品牌都将自己的新机贴上了"AI 手机"的标签。这种现象也是几乎所有领域的通病，一旦某个标签变成热点，即使不具备这种标签的品牌也会来蹭热度，最终的结果一定是标签被滥用，产品鱼目混珠、参差不齐、乱象迭生，最后该标签贬值，不被消费者信任……

这个时候，对于标杆品牌来说就意味着有很大的风险。如何应对这种情况呢？升维进化、降维攻击就是很好的策略，清晰地将这个标签分层、断代，然后将别人放在过去、现在，而将自己放在将来。

荣耀就是这样做的，首先重新定义"AI 手机"的标准，提出三大标准：必须有独立的芯片级硬件 AI 处理单元；必须有与硬件适配的 AI 系统；必须有众多合作伙伴与开发者共同参与、打造的 AI 生态。

有了标准的定义，那么接下来就可以定义 AI 手机的时代：AI 手机 1.0 是什么，AI 手机 2.0 时代是什么……

于是，荣耀这样定义自己在 AI 手机上的发展轨迹，早在 2016 年，就用荣耀 Magic 手机敲开 AI 的大门。在 2017 年下半年推出的荣耀 V10 手机，开启了 AI 1.0 时代，领先行业半年以上。当其他手机厂商开始意识到 AI 的力量时，开始说 AI 时，荣耀早已经走得更远，2018 年推出的荣耀 10 手机进化到了 AI 2.0 时代。

看到了吧，这就是时间维度的力量，当你将一个标签的定义确立，然后就可以将自己放在未来，将对手放在过去、现在，因为世界是发展的，未来一定比过去和现在要好，2.0 时代一定要比 1.0 时代要好。由此，你从现有的时间维度升级到 2.0 时代，就可以将对手远远抛在身后。

“互联网下半场”概念的塑造，也是如此。人为地将互联网产业的发展分为上半场和下半场，也是用断代的方式，将别人放在过去，将自己放在未来。

2016 年在乌镇举行的世界互联网大会上，美团的王兴提出了“互联网下半场”的概念，认为下半场到来的关键原因就是互联网人口红利和移动互联网人口红利都消失了，接下来进入的下半场，将不依赖红利，依赖技术、依赖服务，需要新的增长模式。

这种断代的提法，一定要言之有理、言之有物，才能有说服力。而且，这种提法需要把眼光放到整个行业，如果只是将眼光放在自己身上，你的提法看起来就像是一篇软文，就毫无说服力。

例如，王兴提出的“互联网下半场”，就是深入总结了新崛起的互联网巨头、独角兽们的商业模式，结合用户需求、技术变化的趋势得出来的，重点是叙述上半场和下半场的不同。

王兴认为，互联网的下半场将有三个重要方向，即“上天”“入地”“全球化”。

“上天”，是指高科技。王兴表示，过去互联网就是高科技，但现在互联网只是一个传统科技。随着科技不断突破边界，才能不断创造新的空间，这对中国互联网以及全球经济都至关重要。因为如果没有新的空间出现，那原来的空间被填满后，里面的玩家就会从圈地变成争夺。未来高科技的增长除了底层的技术，还有“ABC”，即人工智能（Artificial Intelligence）、大数据（Big Data）、云计算（Cloud Computing）。

“入地”，指深入产业。王兴认为现在仅做连接的工作已经不够了，尤其是在连接 C 端上，一个微信就已经完全足够。所以需要真正了解产业的方方面面，然后从各个环节降低成本。“入地”不能光接触地面，而是真正扎进去。

“全球化”，是比国际化更宏观、更重要的概念，做国际化，国境是天然边界。接下来全球互联网的下半场是中美竞争，现在在互联网领域，只有中美有巨型的互联网公司。王兴认为，全球化是中国企业的机会，但是，全球化并不是一件速成的事情，至少需要 5 到 10 年的时间来做。

提出了“××下半场”，接下来，就是要有充分的证据证明自己是下半场的领军者，由此，在用户心智中，你的形象将实现升维的进化，而对手将被降维。

所以，天时的升维，就是要站在行业发展、用户需求变化的更高维度上，站在未来看现在，比对手高出一个时间的维度，才能实现升维的进化，才能降维攻击那些仍然在红海中搏杀的对手。

## 2. 地利：定位带来的专注

所谓地利，是当别人都在聚焦一个分类或者一类人群时，你能独辟蹊径，在一个新的维度耕耘，树立自己差异化的标签，从而实现升维进化、脱颖而出。

例如，在电商领域，当阿里巴巴用平台的模式成为电商行业第一时，京东就不能再和阿里巴巴纠缠在一个维度上，而是另辟一个新的维度，实现升维。在实际商业模式上，京东选择的是自营为主的商业模式，于是它开辟了一个新的维度：自营B2C，并在这个领域成为第一。

本质上，这是在大与小的维度之外，开辟了一个自营的新维度，而且京东通过理论与实践的论证，向用户证明自营的用户体验比平台更好，从而不用纠结于和阿里巴巴比大小，而是比用户体验，以此在阿里巴巴绝对领先的电商行业杀出一条新的路径。

在手机市场，最近几年由于渗透率饱和，新增用户几近停滞，并且由于手机同质化严重，用户换机意愿下降，导致市场整体处于负增长的态势。这个时候，手机市场陷入一种跟风的状态，导致大家的标签也严重同质化。例如，全面屏的概念出来，大家都将自己的产品贴上“全面屏”的标签；AI 手机的概念出来，大家都将自己的产品贴上“AI 手机”的标签。

但是，黑鲨手机是一个例外，它舍弃了大众人群，选择了游戏玩家这个细分用户群体，将自己塑造成为一个专业化的游戏手机。这也是一种升维的表现，即在手机上新增一个“专用”的维度，将其他所有手机都归到了“通用手机”的行列，而将自己归到了“游戏专用手机”的行列。

神州专车的崛起也是这种升维思维的胜利。当滴滴、快的、优步等用红包和补贴在大战时，神州专车走了一条独特的发展路线，开辟了一个新的场景维度，抓住了机场接送、孕妈专车、深夜专车等细分场景，在竞争激烈的专车红海中拼出了一条新路。

神州专车深耕接送机这个场景，加深了与有“空中飞人”之称的商旅消费群体的关系。这部分客户群体一方面具备较强的消费能力和意愿，另一方面更加看重专车的服务品质和安全性，并愿意为之付费。

同样，神州专车推出的孕妈专车也非常典型。一方面，神州专车联合中国道路交通安全协会共同推出中国首部《孕妇专车安全服务规范》，该规范以孕妇安全出行为核心，在车辆、司机、服务和保障等四大方面制定科学的、严格的标准，为孕妇出行用车提供行业指导标准。

另一方面，推出国内首个孕妈专车产品——神州孕妈专车。在车辆上，孕妈专车全部为价格 15 万元以上的中高档车型，专车车龄 3 年以内，车内配备呕吐袋、腰枕、胎教光盘等物品。司机方面，除了全部为 3 年以上驾龄的专业司机外，并保证严审无犯罪记录。此外，还要接受医疗救助培训，熟悉孕期基本医疗救助常识。另外，神州孕妈专车要求司机平稳驾驶，且车速不能超过 60 千米/小时，车内温度控制在 22℃等。

还有，在国产版《深夜食堂》热播时，神州专车借势推出了“深夜专车”，为用户免费发放安全专车券。该券专为“深夜出行族”设定，领取及使用时间均为晚 9 点至次日凌晨 4 点的“7 小时深夜出行期”，推广其“深夜打车安全最重要”的理念，成功地塑造起“深夜专车，神州最安全”的标签。

当其他网约车平台大打补贴之战，主打“省钱”的标签时，神州专车却推了一个新的差异化的标签：安全。值得注意的是，神州专车的接送机、孕妈专车、深夜专车等一系列场景化标签，对于“安全”的主标签起到了非常强的支撑和拱卫的作用。这种子母标签的做法，值得借鉴，子标签越强，不仅不会弱化母标签，反而会大大增强母标签的作用。

可以看到，地利的升维在本质上就是抓住某个细分用户群体，或者用户的某个细分场景，推出专门的品牌、产品或者服务。首先，要重新定义标准，联合第三方的权威机构揭露这个领域的乱象，或者发现没有满足用户的痛点，发布自己的、更高标准的规范或者定义；其次，要做针对这个细分用户群体或者细分场景的定制化产品或者服务，并利用精准的渠道和内容进行传播，由此，才能树立自己升维的标签。

### 3. 人和：思维的升维

所谓人和，是思维的升维。我认为，一切创新，从根本上来看都是思维的不同。所以，思维的升级，将是最大的升维。

还记得我们之前说的“企业视角 vs 用户视角”“功能视角 vs 情感视角”吗？这就是思维的不同。

比如，马云提出“新零售”这个标签，已经变成马云对零售未来的愿景。从表面上看，“新零售”的标签是“天时升维”，因为马云将纯电商和纯线下零售定义为“旧零售”，而自己做的是“新零售”，旧是过去，新是未来。

在推出“新零售”的时候，马云甚至不惜放出狠话：“纯电商时代很快会结束，未来的十年、二十年，没有电子商务这一说，只有新零售这一说，也就是说线上线下和物流必须结合在一起，才能诞生真正的新零售，线下的企业必须走到线上去，线上的企业必须走到线下来，线上线下加上现代物流合在一起，才能真正创造出新零售。”

但是，实际上，新零售与纯电商、纯线下零售的本质不同是思维的不同，是人、货、场的重构，是以人为中心。人、货、场是零售业中永恒的概念，不管技术与商业模式如何变革，零售的基本要素离不开“人、货、场”三个字。过去，这个公式的典型解读应该是这样：选对的人（外部的用户和内部的销售人员），选对的货（产品、价格、服务），在对的场（城市＋商圈＋地段），在顾客进店前、入店后、售后发挥作用，达到零售绩效最佳的效果。在不同的市场时期，“人、货、场”三者的关系，随时在变。物质短缺时代，“货”是第一位的，需大于供，任何产品都能很容易被卖出去；传统零售时代，物质极大丰富后，“场”占据了核心位置，唯有争取到商场的黄金位置，品牌才能在商品的汪洋大海中脱颖而出；互联网时代，新零售时代，以“人”为本，打破线上与线下的边界，打破品类之间的边界，一切只为“人”的体验。

所以，“新零售”和传统零售的不同，在于一个是以人为中心的思维，一个是以货或者场为中心的思维。

同样，“社群电商”之所以能够成为热门标签，因为它的思维和京东、天猫等电商不同，社群电商是去中心化的思维，是靠关系卖货，京东、天猫是中心化的思维，是靠场来卖货。

比如，我曾经参观体验过一家叫作有好东西的社群电商，没有用一分钱来购买流量，所有的用户都来自微信社群，他们用 50000 个微信社群，实现了超过 8000 万元的月流水。

有好东西的微信社群，是靠一个叫作“甄选师”的群体来运转的。五万个甄选师，运营着五万个微信社群，他们是有好东西和用户之间联系的纽带，他们是商品的销售者和服务者。甄选师既是最忠实的消费者，又是推广者，他们靠销售商品获得 8%~10%的佣金，也是服务者，他们每天通过社群和用户沟通、互动，在这种沟通、互动中，他们最了解用户。于是，他们能够反馈用户的建议，反向推动选品，甚至能够推动基于用户需求的商品定制。这让有好东西形成一种类 C2B 的商业模式。

因为有好东西的“货”是通过甄选师和粉丝之间的关系销售，他们是以自己的人格和品牌作为背书，所以这时候“货”就不再局限于品类，而可以打破品类的界限。

京东这几年正在推广“无界零售”的标签，也是一种思维的升维，是从竞争思维到生态思维。在竞争思维下，京东与品牌商、商家、传统零售等之间的关系是一种零和的博弈，你获得了，我就会失去；但是如果变成生态思维，大家都将自己的核心能力开放出来，互相赋能，不仅能带来多赢，还能碰撞出化学反应，让各自都进化成为新的物种。

例如，京东的“无界联盟”就是一个典型的例子，它颠覆了明星营销的方式。在全民娱乐的时代，明星代言不是什么稀奇事，但是你见过百位明星同时助阵一个活动的吗？而且是张艺兴、王源、李宇春、周杰伦等炙手可热的一线明星。在2018年“京东618”活动期间，有百位明星为活动助阵，给粉丝送福利。

关键是京东没有花一分钱！以前的明星代言，靠的是一个企业的力量，再有钱的企业，请来的明星数量都是有天花板的。这次的京东活动，则是共享明星，与百大品牌商共享百位明星资源，当京东与品牌商的边界打破，明星代言的天花板也消弭于无形，京东和品牌商没有在明星上新投入一分钱，但是却有了最大当量的“爆炸效果”。

品牌商的明星资源，是稀缺的，在传统的思维模式下，当你将明星资源攥得越紧，爆发的能量却越有限。反之，当京东与品牌商之间的边界被打破，京东搭台，品牌商将明星“共享”出来，换来的却是无数倍的回报：品牌曝光、流量激增、商品大卖，品效合一。

还记得我之前提到的京东吉祥物 Joy 出演的贺岁片《Joy 与鹭》吗？在这部片子里，京东也在推广其“无界零售”的标签。Joy 代表京东，鹭代表生态中的竞争对手、社会和环境，Joy 和鹭是不同的利益相关者，他们都有自己独特的需求。但是在无界零售的思维下，Joy 给了鹭虫子，而鹭则回报了鱼，实现了共赢。

小罐茶的例子也是思维的升维。因为小罐茶和 8848 手机、背背佳等产品都是来自杜国楹的操刀，很多人认为不过就是砸钱做广告，没有什么稀奇的。实际上，这绝对是一种误解，杜国楹之所以能够有如此高成功率的爆品打造记录，就是因为他的思维是反传统、反常规的。

杜国楹本人曾说过：“市面上的茶，有两个极端：一种是农产品思维做茶，只有品类，没有品牌，导致产品没有标准，消费者很难选择。一种是文化思维做茶，将茶做成了文化产品，高高在上，不接地气。”他认为，“茶首先应该是一个消费品，应该以消费品的思维去开发茶产品，要为消费者降低消费好茶的门槛，让消费者无须懂茶，也能简单方便地喝到真正的好茶。”

所以，有人曾经说过：传统茶企是身在茶中，卖茶就是卖茶；“喜茶”是身在茶外，卖茶不是卖茶；小罐茶则是深入茶中，再跳出茶外，卖茶还是卖茶。

在手机领域，同样有“产品思维”和“营销思维”的差异。这方面典型的代表是小米和荣耀。这两个品牌，就像是一对老冤家，处处针锋相对。比如，小米的雷军提出一个“风口论”，说互联网公司要注意把握大势，在风口上，猪也能飞上天；荣耀总裁赵明马上提出一个“笨鸟论”，说自己只甘愿做一只笨鸟，不管风起风停，做好产品、做好服务。

荣耀赵明每一年都会提出一个关键词，相当于给自己每年贴一个标签，这个标签深谙当时行业的变化、竞品的差异以及自身的特点，目的是实现自传播。

2015 年的标签是“笨鸟不等风”，当时“风口论”盛行，大家都希望能够在互联网手机的风口下飞起来，但是赵明给大家泼了一盆冷水，提出“笨鸟不等风”。当大家都去做风口下的“飞猪”时，荣耀却说要做一只笨鸟，不去搞什么营销、炒作，而是去修炼内功。

2016 年的标签是“无惧风停”，当时因为互联网思维的风口过去，那些追逐互联网手机风口的公司遇到了麻烦。赵明提出“无惧风停”，就是希望传播自己的产品思维的特点，不怕风停，可以借助自己的深厚内功，平稳地度过“风停期”。

2017 年的标签是“风物长宜放眼量”，当时行业进入冬天，互联网手机迎来了一个 180° 的逆转，从之前的人人追捧到众人唱衰。但是，赵明提出“风物长宜放眼量”，对互联网手机给出了乐观预期，提出了自己的不同声音。

2018 年的标签是“乘风破浪总有时”，同样形成鲜明对比，整个行业是寒冬，但是荣耀向全球大举扩张，所以提出了这一个标签。

有没有注意到？这个也是子母标签的思路，虽然每一年的标签不同，但都是强化自己产品思维的主标签。

2018 年火爆的区块链，不也是思维的升维吗？正是将自己包装成一个去中心化的分布式账本数据库，就把自己和原来的互联网区隔开来。甚至，区块链圈中的人还造出了一个新词“古典互联网”，用来形容一切未用区块链技术的互联网。

总而言之，升维的本质首先是思维的升维，是和竞争对手的差异化，比竞争对手高出一个维度才能让自己的标签脱颖而出。举一个例子，当一个人向你开骂的时候，如果你和他一个维度，就要比拼谁骂的声音更大、谁骂得更难听，而升维的做法呢？或许是不骂，正如古语所云：夫唯不争，故天下莫能与之争。这就是升维的表现，争是同维，只有不争，天下才没有人能与你竞争。

要想升维，就要对行业、对用户有深刻的洞察，要有站在未来看现在的视角，要有站在用户的角度看自身的觉悟。

一句话，切换角度看世界，你的思维就会不同，所处的维度也自然不同。

### 4. 第三条曲线

对于一个企业来说，所谓升维，就是需要跳出现在的业务，去审视未来，确立自己的业务梯级。

一般来说，企业会有三条增长曲线，对应的是三块业务。第一条曲线、第二条曲线和第三条曲线，分别对应着企业的传统主力业务、新兴业务和未来业务。

联想集团创始人柳传志曾经用非常形象的语言来描述这三条曲线，分别是：吃着碗里的（第一条曲线），看着锅里的（第二条曲线），种着田里的（第三条曲线）。

让我们看看几个公司的三条曲线。

联想集团提出了三条曲线：吃着碗里的“PC 业务”，看着锅里的“数据中心+移动业务”，种着田里的“‘设备+云’和‘基础设施+云’”。

京东提出了三条曲线：过去十年是第一条曲线，主要是手机、家电、电脑数码等 3C 品类；现在进入第二条曲线，主要是新品类的成长，比如来自健康、医疗、汽车、房产、服务和对外赋能；未来是第三条增长曲线，主要是以技术和供应链服务作为核心的增长推动点。

百度也构建起自己的三条曲线：第一条曲线是目前赚钱的主力搜索业务，第二条曲线是信息流业务，第三条曲线是 AI（人工智能）。

中国移动的三条曲线的发展模式：第一条曲线是以语音和短彩信为代表的传统移动通信业务，第二条曲线是流量业务，第三条曲线是以内容应用发展数字化服务。

三条曲线的布局，本质上是一种升维，而且每升高一个维度，都会对低维度的业务形成支撑和促进。以百度为例，如果说搜索是一维，那么信息流就是二维，AI 则是三维。当竞争对手在一维、二维和百度竞争时，百度在 AI 上的布局将能实现升维进化、降维打击。而且，百度发展 AI，对于搜索业务和信息流业务都是有极大的促进作用。

所以，你可以思考一下，自己企业的三条曲线分别是什么？如果你只有一条曲线，那么这个竞争的护城河就是没有的，极容易被竞争对手效仿和攻破。

当你有三条曲线时，到底应该树立什么样的标签？答案不言自明，一定是用最高的维度树立标签，这样才能形成降维打击。

举个例子，百度有三条曲线，它应该树立什么样的标签？搜索、信息流，还是 AI？显然是 AI！从实际中来看，百度这几年，对外不遗余力地发展 AI，将自己成功地塑造成一个 AI 的领先者，让 AI 成为自己最大的标签。这种举动就是对竞争对手的降维打击。而且，百度此举还有一个作用，就是淡化了自己在搜索竞价排名上的舆论压力。

同样，联想对外传播自己的第三条曲线——智能物联网业务，也能淡化自己的 PC 标签，让自己的品牌“新潮”起来，得到年轻人的青睐。京东对外传播自己的第三条曲线——无界零售，同样是对竞争对手的降维打击。

## 5. “屏”的竞争故事

下面，我们用一个比较完整的例子，来看看“升维进化，降维打击”的故事。最近几年，手机行业最火的一个热点是“屏”的竞争，这里面充满着升维思维。

首先来说一下手机行业的大背景，伴随智能手机用户渗透率的饱和，加上手机缺乏革命性的技术突破，导致手机产品之间同质化竞争比较严重，用户换机意愿下降，各大手机厂商们开始在营销上下功夫，其中一个热点领域就是关于“屏”。

2016 年 10 月，小米在发布 MIX 手机时，造了一个新的标签“全面屏”。按照当时的说法，所谓全面屏手机，正面应该几乎都是显示屏幕，给用户带来更具冲击力的视觉体验，属于未来的概念手机。

在宣传时，小米将全面屏扩大化、病毒化传播，让图片极具冲击力。在小米 MIX 发布会上，雷军还拿一个网友的漫画来与三星手机、苹果手机进行对比，用人的额头和下巴来形象比喻，特别有冲击力。

在第二年发布 MIX 2 的时候，小米更进一步提出了“全面屏 2.0”的概念，下面则用一行“进化，一次趋向完美的进化”的小字诠释了“全面屏 2.0”的意义。为了给“全面屏 2.0”造势，小米将北京、上海、广州、深圳、成都、重庆、济南、沈阳、武汉九个城市的地标建筑的大型户外广告牌全部点亮，打上了“全面屏 2.0”的广告。

可以说，小米点燃了全面屏的风口，也引来其他厂商的冲突卡位。例如，努比亚提出了“全面屏 2.1”的概念，以“颠覆，因为不相信完美”来进行阐述，根据努比亚擅长的无边框设计打法，所谓“全面屏 2.1”的潜台词就是将边框压缩到极致的 2.0。

号称“全面屏鼻祖”的夏普，则直接提出其 AQUOS S2 手机是“全面屏 29.0”，强调 AQUOS S2 已经是夏普的第 29 款全面屏手机了，无论小米、努比亚还是其他品牌的全面屏产品都是“后辈”。

由此，还掀起了一场全面屏之争：到底是谁创造了全面屏。雷军专门撰文《全面屏的前世今生》，说自己是全球全面屏的首创者。

其实，不管你提出自己是第几代，终究不过是微创新，仍然是相同维度的竞争。

伴随苹果 iPhone X 的推出，“刘海屏”又成了大家效仿的对象，之后，又出现了“美人尖屏”。谁的刘海屏能做得小，屏占比能做得大，这些竞争让手机厂商再次陷入一场同一维度的红海竞争之中。

这个时候，如果用“升维进化，降维打击”的思路，就不能再用常规的方式竞争，即使屏占比高出 0.1 个百分点，实际上也没有太大意义，无法从红海中脱颖而出。

打破僵局的是 vivo 和 OPPO，他们直接跳出了常规的维度，没有去减少刘海的尺寸，而是干脆消灭了刘海屏。vivo NEX 和 OPPO Find X 都采用升降式的摄像头设计，将摄像头隐藏了起来，不用的时候，正面屏幕消灭了刘海屏，真正变成了一整块完整的屏幕。使用摄像头的时候，摄像头再用升降的方式出现，做到了召之即来挥之即去，这种就是一种升维进化。

有意思的是，直击人心的标签，很多时候并不是在规划时产生的，而是在实际应用中发现的。比如，vivo NEX 推出的时候，希望树立的是“零界全面屏”，即没有边界的真正全面屏。但是，在实际应用的时候，vivo NEX 却有了另一个更能吸引用户的标签：流氓 App 鉴定机。

事情起因是这样的，有 vivo NEX 的用户发微博称，在使用某浏览器进行网页浏览搜索时，手机摄像头出现了“升降”动作，质疑某团队会私自开启用户的前置摄像头，侵犯用户隐私。

该浏览器团队对此做出了回应，确认存在调起摄像头动作，但同时称这一动作并不会开启摄像头，更不会拍摄或记录，手机浏览器并不会采集用户的任何隐私。

随即又有微博用户爆料，用户在 vivo NEX 上使用某输入法软件，当打开手机自带的浏览器进行搜索的时候，在无任何操作的情况下，手机顶部显示“某输入法正在录音”，并且会提示用户是否要禁止它。该输入法软件的官方微博进行了否认，并称只需要关闭智能场景语音功能就可以消除该问题。

虽然他们对此进行了否认，但是 vivo NEX 受到了用户的追捧，变成了流氓 App 监测器。恐怕 vivo NEX 在刚开始策划时，没想到会因为这样的标签而走红。

坦白说，vivo NEX 和 OPPO Find X 的升降式摄像头并非很大的创新，但是这种创新的思路值得学习。当大部分厂商都在琢磨如何减少刘海屏大小时，没人想到可以干脆将刘海屏去除，这种不走寻常路的思维也是升维进化。

同样，在 2018 年 8 月底，荣耀宣布荣耀 Magic 2 手机，采用滑屏的方式来实现近 100%屏占比的全面屏，本质上是采用滑盖的方式将摄像头等隐藏起来，从而实现真正的全面屏。滑盖的方式虽然在功能机时代就有，但是类似的方式来消灭刘海屏，绝对是一种升维的思维。

故事还没有结束，另一种升维来自锤子科技的罗永浩，他提出了“无限屏”的新标签。无限屏直观上看即通过从屏幕底部向上划动的操作进入一个虚拟的大屏幕，通过手机的陀螺仪和加速计等传感器，以手机为取景器观察这一块大屏幕的内容，尤其在地图应用中有一种在现实生活中用放大镜看地图的既视感，提供了耳目一新的、类似 AR 的交互体验。

当大家都在用硬件的方式提升屏占比，做全面屏时，罗永浩却用软件交互的方式搞了一个无限屏，全面屏受制于屏幕的物理尺寸，再大也有限制，而无限屏则是无限的。

以上思路归根结底是解决问题的维度不同，大家是手机不动，里面的内容在放大和缩小之间切换，而老罗是内容无限铺开，手机动起来，这时候的手机不是限制，而是变成了一个镜子，照出了真实的世界。

当别人都在红海中时，一定不要用类似的方式竞争，不妨跳出来，换一个全新的维度，你就会发现，创新从来都无止境。

在手机行业，有很多类似的升维案例。比如，在 2017 年当大家都在追“全面屏”的热点时，华为却跳出了全面屏，推出了 Mate 10 系列手机，树立了“AI 手机”的标签。Mate 10 系列手机因为内置了华为自己的芯片麒麟 970，配备了专门用于 AI 运算的 NPU（神经网络单元）处理器，可以实现终端侧的人工智能，开启了一个新的人工智能手机时代。

这就是升维，无论你推的是哪种全面屏，总体上都是在智能手机这个维度世界里竞争，而华为直接升维，进入到一个更高的智能手机时代。当然，华为的例子也说明，所谓升维，往往要以强大的技术作为保证，不是简单的营销所能实现的。这和我一直强调的，营销很大程度上说的只是“术”，只有技术、产品上的强大内功才是“道”，“术”再厉害，也只是低维度，只有“道”才是真正的升维。

这一点得到了很多人的共识。例如，8848 手机和小罐茶的创始人杜国楹说：“我会觉得做一个所谓的爆款的根本性问题在于，你的产品是不是真的足够打动人。我始终觉得营销是一个伪命题，如果你没有足够好的产品，营销再多，用户都不一定会记得你。”

vivo 高级副总裁倪旭东说：“营销是个放大器、是锦上添花。产品服务是前面的 1，营销是后面填多少个 0 的问题。营销肯定有价值，但前面的 1 不好，后面的 0 填得再多，也无济于事。”

营销不过是锦上添花，而技术和产品才是最重要的。因此，营销维度的超级标签与产品、技术维度的超级标签相比，显然后者维度更高、更具含金量。

最后总结一下，超级标签也是有维度高低的，要想真正击中用户内心，就要将自己的超级标签升维，只有这样才能从竞争的红海中脱颖而出。

# 8

# 娱乐无敌：

## 娱乐是最好的传播催化剂

社会批判学家尼尔·波兹曼在1985年出版了《娱乐至死》一书，他忧心忡忡地说，电视让一切都以娱乐的方式呈现，人类心甘情愿成为娱乐的附庸，最终成为娱乐至死的物种。

1985年时，娱乐指的是电视娱乐，三十余年过去，社会发生了翻天覆地的变化，现在早已经变成了移动互联网时代，娱乐所指的范围也扩大了。只是，娱乐至死却没有变化，成了一个不争的事实。

Sensor Tower的数据显示，在2018年的第一季度，抖音的全球下载量达到了4580万次，超越了很多大家耳熟能详的应用。

这就是娱乐的力量。

### 1. 娱乐就是传播的加速剂

罗振宇曾经说过，互联网平台对用户数量的争夺，已经变成了对用户时间的争夺。的确，在流量红利和场景红利越来越少的情况下，竞争的焦点变成了时间资产的争夺。

传播，本质上也是对用户时间的争夺。如果用户不关注你，就无法触达用户，也就不用谈什么树立标签，走进用户的心智了。

这时候，投其所好便成了重要的策略。用户到底喜欢什么呢？今日头条发布的移动资讯报告显示，娱乐、搞笑类内容占据用户的阅读时长更久。

所以，想拥有更大的传播力，就要有娱乐精神，将严肃的内容娱乐化，才能更大限度地占有用户的时间。并且，娱乐内容也能最大限度地调动用户自发传播的积极性。他们会帮助你策划，帮助你转发和扩散。

2014 年双十一，当京东正在紧锣密鼓地准备推广活动时，突然收到一个不幸的消息：阿里巴巴向各大媒体发出了《通告函》，明确指出，“阿里巴巴集团已于中国取得‘双十一’注册商标，经阿里巴巴集团授权，天猫就‘双十一’商标享有专用权，受法律保护，其他任何人的使用行为都是商标侵权行为。”

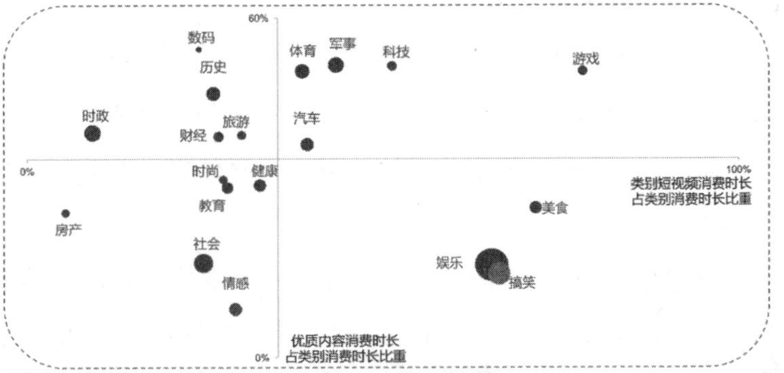


气泡面积：类别总消费时长占资讯总阅读时长比重，面积越大，消费时长占比越高。
统计时间：2017年1月-2017年6月
© 2017.08 今日头条算数中心

阿里巴巴对双十一的商标抢注，打乱了京东的推广计划，很多广告需要重新修改。京东决定反击，当时京东就采取了两个战场的作战思路。

一个战场是严肃的，京东发出一封《致全国媒体合作伙伴的一封信》，对阿里巴巴有违互联网开放精神提出了批评。文中说，双十一已经成为全零售行业的节日，也是消费者的网购狂欢节。

另一个战场是娱乐性的，京东通过官方微博将双十一称为“不能说的日子”，同时公开有奖征集名字。这等于让网友来帮助策划，因此收到了很多好玩的名称。征集的结果并不重要，重要的是过程，将一件严肃的事情娱乐化，获得了极高的传播度。

同时，京东利用第三方的微信公众号发出一个“新视频广告”，它其实就是把京东原来的 5 条广告合在了一起，但每个广告片末尾的“双十一”字样都被打上了马赛克，这种新鲜的做法引发了网友的转发。

如果只是严肃的驳斥，网友并不会觉得这事和自己有多大关系，正是娱乐化，才让阿里巴巴和京东之间的事情变成了一件大众的事情，才让阿里巴巴抢注双十一商标被贴上了“霸道”的标签。

“地球人都挡不住海底捞了”是另一个非常经典的娱乐化传播案例。海底捞希望给自己的标签是“服务好”，如何才能体现服务好呢？就是给就餐的用户带来惊喜。例如，看到你戴眼镜，就递给你眼镜布；看到你的杯子里面没有水，就给你倒满等。

或许是由于国内其他餐饮的服务太常规了，海底捞的小举动持续给用户带来了感动。于是，网友的想象力被点燃，出来很多段子，下面列举一些。

已经无法阻止海底捞了。周六去吃火锅，朋友不小心把丝袜给刷坏了，她饭后还有第二轮约会，正郁闷得不得了，结账时服务员居然递上了全新的丝袜！还是 3 双！我一下就怔住了……

海底捞居然搬了张婴儿床给我儿子睡觉，大家注意了，是床！我彻底崩溃了！为顾客解决每一个问题，结果就是创新。

在海底捞发现服务员帮顾客代练游戏，地球人都挡不住海底捞了……

这些段子真真假假，但却火了一个金句：地球人都挡不住海底捞了！在无数的段子中，海底捞的“服务好”标签被牢牢地贴上，品牌美誉度也大大提升了。为什么海底捞在出现食品安全的危机时不会受到影响呢？除了危机管理得当以外，“服务好”形成的品牌美誉度也成了抵御危机的护城河。

电商行业的双十一，为何能从一个电商的行业事件变成全社会关注的热点事件呢？秘密也是娱乐。正是阿里巴巴将双十一晚会打造成为全明星的娱乐盛宴，才实现了这一点。以 2017 年的双十一狂欢夜为例，就吸引了章子怡、吴亦凡、李宇春、郎朗、莫文蔚、妮可·基德曼、菲戈、莎拉波娃等国内外明星。

同样在 2017 年双十一，马云还进军了歌坛和影坛，演唱《风清扬》单曲，主演《功守道》电影。11 月 3 日，由马云和歌手王菲演唱的《风清扬》歌曲推出，制作阵容堪称豪华，高晓松制作，尹约填词。在双十一晚会的压轴环节，马云携《功守道》电影的主演李连杰、甄子丹、吴京、朝青龙等亮相，将晚会推向了高潮。

所以，娱乐是最好的传播加速剂。

### 2. 段子的魔力

“段子”本是相声中的一个艺术术语，指的是相声作品中一节或一段艺术内容。而随着人们对“段子”一词的频繁使用，其内涵也悄悄地发生了变化，人们在不自觉中主观地将其融入了一些独特的内涵，现在该词指的是一段故事或笑话。

每当有热点大事件发生时，都会伴随很多段子出现。而段子有极强的娱乐性，能够覆盖绝大多数的人群，尤其是可以让本来枯燥、严肃、专业领域的事情进入大众视野。

比如阿里巴巴收购饿了么就有一个段子。马云对下面的人说：“我饿了，要不把饿了么收购了？”过了几个小时后助手气喘吁吁地说道：“老板，饿了么已经被我们收购了，可以吃饭了！”

既然段子这么火，那么我们在传播的时候，就要有意识地多运用段子，来实现标签的最大化传播。

比如，在一次“京东618”中，就有这样的段子。电梯里面碰到京东的快递员，随口问了一句：“你们‘618’什么折扣最大啊？”那哥们回头嫣然一笑：“是你们的‘618’！”

除了发动段子手，还可以将自己的员工包装成段子手，例如，京东就出现了一个神奇的“哈苏妹”。

2012年3月，京东商城一款被称之为神器的哈苏H4D-50单反相机售价高达219999元，暂时无人购买，但是咨询板块却异常火爆，堪称京东一景。所有的这一切都来自客服MM针对京东网友无厘头的、和商品无关的咨询内容的机灵回复。这一机敏过人的客服 MM 便被京东网友称之为“哈苏妹”。大家可以想象一下“哈苏妹”的画面风格。

咨询内容：我想买一台，把现在的送人，能给我打个一折吗?

哈妹回复：您好！此款机身打一个折就不能用了。

咨询内容：明月楼高休独倚，我把月儿比成你。遥相闻，伤不起。金风玉露一相逢，多少孤魂飘荡中。抬头看，上京东。

哈妹回复：您好！抬头看，上京东。放心又轻松。到黄昏，点点滴滴，这次第，怎一个爽字了得。

咨询内容：哈苏妹子，我儿子赵贺昨天出生了，你能送他一句富有哲理的诗吗?

哈妹回复：您好！有其父，必有其子。

咨询内容：万能的哈苏妹！

哈妹回复：您好！哈苏不是万能的，但离开哈苏妹子是万万不能的。

通过“哈苏妹”，京东成功地塑造了一个亲和的客服 MM 形象，也让自己的品牌变得可爱起来。很多时候，一个企业，不一定都要让 CEO 在前面抛头露面、冲锋陷阵，一线员工，而且是好玩的一线员工也能给企业实现多点、多级发声，让企业变得极具个性。

段子的本质是夸张、幽默。而段子只是一种形式，其他的形式有漫画、视频等，形式只是目的，娱乐化的精神才是根本。

比如，在推广京东极速达时，为了塑造“快”的标签，京东就将这种“快”夸张化，结合夸张的漫画风格，选取人们特别需要快速送达的典型场景，制作了一组极速达海报，实现了海报刷屏的传播效果。

在互联网行业中，“××体”也是一个独特的现象。严格来说，“××体”也属于一种段子，因为它有固定的套路，又具有开放性，每一个人都可以结合自己的情况写出自己的“××体”，所以极具传播效果。

追溯起来，“凡客体”可能是“××体”的鼻祖，它是韩寒为凡客做的一个文案广告，引来了众多网友的跟风模仿，造就了“凡客体”的刷屏。之后，每过一段时间，都会有一个“××体”爆红。

例如，2016年的“咆哮体”，就以简明扼要的台词、坦白直接的吐槽，引发了各个领域、各个人群的吐槽和宣泄，瞬间火爆网络。

本质上，“××体”就是娱乐精神与用户自传播的合体，你在贴标签的时候，不妨想想，是否可以创造一种属于你的“××体”。

### 3. 不妨轻松一点

在正面传播时，多一点娱乐精神，可以增强传播力，更好地塑造你的标签。在遇到危机的时候，同样如此，这时候不要板着脸，不妨轻松一点，退一步，海阔天空。

在这方面，阿里巴巴绝对是一个大师级的高手。正如其创始人马云爱好打太极一样，阿里巴巴处理危机的方式总是在谈笑间将大事化小、小事化了。

2013 年双十一，天猫在微博上发布战报，指出“一小时天猫双十一购物狂欢节支付宝交易额超 67 亿元，手机淘宝支付宝交易额超 10 亿元。文胸内裤，你们赢了！200 万条内裤，加起来有 3000 公里长！”

随后，认证身份为“南京市公安局江宁分局”的官方微博吐槽说，“马云你好！我是‘警察蜀黍’。恭喜你今天天猫交易额突破 300 亿元！我们都为你感到骄傲！我的问题是：为什么天猫卖的 200 万条内裤连在一起会有 3000 公里长？你们卖的内裤尺寸平均每条都有 1.5 米长吗？这种尺寸的内裤对购买者来说有什么意义？谢谢。”

由此，天猫因为内裤算错尺寸陷入了危机。看看天猫是如何处理这个危机的。

在“警察”发布微博评论的第 54 分钟时，天猫进行了正面回应：“人家就是激动得昏头了，好吗？来，尽情地取笑我吧！数学老师对不起了！”这样的回应轻松幽默，言辞诚恳，还发起了新的话题（数学老师对不起），给自己贴了新的标签“数学不好”，但这种无关痛痒的新标签已经基本无害了。

不得不说，阿里巴巴的这次危机处理是真的高明！本来严峻的危机，最后用自黑（数学不好），以及幽默、娱乐的态度轻松过关。而且，用一个无关痛痒的新标签“数学不好”将危机化解于无形。

还记得我们之前说的毛巾哥大战网易严选的案例吗？在网易胜出的结果中，娱乐精神也起到了非常大的作用。

之前我们说过，在这种冲突卡位中，网友的支持与否很重要。如何让网友支持呢？除了能直击他们内心，给他们实惠也是重要的一招。网易严选就是这么做的，他们在一边回应毛巾哥，一边对毛巾全线降价，原价 29 元的“新疆阿瓦提毛巾”，只卖 12 元。对于原来买了毛巾的老用户，网易严选竟然还退钱。

更关键的一招，网易严选放出了一首洗脑神曲《网易严选退钱了》。这种娱乐化的方式一下子将自己的传播效果推向了高潮。

毛巾哥的毛巾多少钱呢？19 元。于是，毛巾哥不仅输掉了口水战，在商战中，也输了，网友一边抢着便宜的毛巾，一边欣赏着口水战，早已经不记得事情的原委了。

不管是贴标签，还是撕标签，都需要有娱乐元素，它能轻松愉快地彰显你的观点和内容。

### 4. 黑到深处自然红

任何一个品牌，在互联网时代，都面临一个问题：被黑（被刻意抹黑的行为）。如何才能解决被黑的问题呢？其中一个招数是以轻松娱乐的心态去面对——解决被黑的问题，最好的方式就是自己黑自己。

这也符合人们的心理，当你将自己包装得“越高大上、越完美”，就有人越希望将你“拉下神坛”。相反，如果你自黑，将自己身段放低，反而大家不会再去黑你，所谓：黑到深处自然红。

在前文提到的“天猫 1.5 米内裤”危机中，阿里巴巴正是自黑（说自己数学不好），用小小的缺点换取了网友对大问题的原谅。

所以，面对被黑，你不应该逃避，而是应该直面它，有一些自黑的精神，放轻松一点，往往会收到神奇的效果。

奥迪，在汽车界有一个标签，叫作“灯厂”，说的是奥迪的车灯“亮瞎眼”，而言外之意是说奥迪主要是靠灯来装饰，没有什么其他高科技。显然，这不是一个好的标签。

面对这样的“黑”，如果你是奥迪，应该怎么做呢？是回避这个话题，去着重宣传自己有什么高科技吗？奥迪没有这样做，而是直面这个质疑，在知乎上官方回答“为什么说奥迪是灯厂”的问题，列举了奥迪在车灯上下了多少功夫，展示了奥迪在车灯上的高科技。摘录其中的一段话，很“走心”。

“我们在汽车道路上走了这么远，既遇到过嘲讽，也经历过赞颂。有人说，世界上有两种车灯，一种是奥迪车灯，一种是其他车灯。有人说，奥迪造车的主旨就是，跑不死你也要晃死你。还有人说，勒芒赛事，人家是来比赛的，奥迪是来比灯的。更有人说，奥迪的车系，不管哪期改款，什么都不改也必定改大灯。虽然大家吐槽奥迪在造车这条路上跑偏了，但不能否认的是，奥迪的每一次迭代都在汽车照明科技方面带动了行业的创新与变革。所以，我们以这样的‘吐槽’为荣。当然，作为高档车行业的领军品牌，奥迪靠的不仅仅是‘大灯’，更多前沿科技，容我日后细细道来。”

看了奥迪的官方回答，很多网友“路转粉、黑转粉”，奥迪成功地将有一点负面的“灯厂”标签，变成了体现自己高科技的机会，“灯厂”变成了正面的标签。

马云是自黑的高手，比如，马云在与王菲合唱《风清扬》后，不等网友吐槽，马云自己先自黑，说自己是浓浓的乡土音配天后的天籁之音。

除了自黑“声音”，他也自黑“相貌”。2015 年 7 月，马云就发微博自称画连环画不比当董事长容易。图中有网络热传的四张跟马云“撞脸”的图片，马云均配以诙谐的文字对自己尽情自黑，并向网友继续约图。

说到自黑相貌，我印象很深刻，刘强东曾经也有过一次。那是在 2012 年，刘强东上了《创业家》杂志的封面故事，结果照片被网友恶搞，他发布微博宣布：“有奖 PS，不像彪悍叔，不像周润发，不像挖煤的，要帅，要像我。”并表示要通过网友投票，“到 15 号得票最多者获赠三星老板刚送我的一部手机！”

结果，这种公开征集 PS 的方式，招来了更多的恶搞，不过这种自黑式的传播可以获得有亲和力的印象。

雷军的自黑式传播，也登峰造极。

2015 年 4 月 23 日，小米手机 4i 发布会在印度新德里召开，雷军使用英语问候观众，以“How are you？”（你好吗？）开场，并数次对观众说出“Are you OK？”（你没事吧？），而雷军所说的英文带有浓厚的仙桃口音及明显的语法错误，视频传回国内后引发了网友的热议。

哔哩哔哩用户 Mr. Lemon 将雷军的英语演讲进行剪辑制作成“音 MAD”作品《Are you OK？》，并于 2015 年 4 月 30 日上传到哔哩哔哩，由于该作品音乐押韵，且雷军神态可掬，于是迅速走红网络。

雷军本人对《Are you OK？》表示“大家开心就好”，小米官方还推出了引用此梗的 T 恤和智能音响，起到了不错的推广效果。

在 2017 年 9 月的小米 MIX 2 发布会上，有一页 PPT 上的“社会我雷哥，人狠货不多”的自黑最为有名。众所周知，小米最被人诟病的就是“货不多”，雷军没有回避这个问题，而是用自黑来承认问题，并表达了解决问题的决心，传播力度之大前所未有。

百度甚至专门成立了一个“这届百度公关”的微信公众号来自黑。原因是因为百度每当出现负面危机的时候，百度公关都会“躺枪”，大家都会说“这届百度公关不行”。既然百度公关成了被黑的对象，那么百度干脆就自己成立一个公众号用来自黑。

在功能介绍中，这个公众号是这样介绍自己的——我们就是大家觉得不太行的这届百度公关。与百度以往一直在营造的大公司的形象不同，文章开篇就介绍了百度为什么要注册这么一个公众号。其中就提到过，“招黑体质易传染，为了‘我度’，为了自己，我们决定好好为百度公关‘公关’一下。”

这种自黑，不得不说还是大有作用的，轻松、自黑的方式吸引了很多抨击的火力，客观上起到了分流负面新闻流量的作用。很多网友为这个公众号的文章点赞，认为百度这种真诚沟通的态度值得表扬。看看，在这样一个开放的时代，凡事不逃避，真诚沟通，总是能获得加分的。

在网友黑自己之前，先自黑，既能控制被黑的程度，又能先下手为强，让网友不好意思黑自己，不得不说，进可攻、退可守，自黑这一招很高！

最后，我们总结一下，在这样一个娱乐至死的时代，娱乐就是最大的加速剂，对你的传播加速。不管是正面的传播，还是负面的应对，不妨轻松一点，有一些娱乐精神，你会发现一切都将不同！

# 9

# 万物皆媒：一切皆媒体，话题皆传播

我们在前面说过，在超级标签的传播中，媒体渠道非常重要。需要注意的是，这里说的媒体含义非常广泛，因为在互联网的时代，并不是我们传统认为的媒体才是媒体，而是一切皆可以是媒体。

在前面，我讲过，现在的传播有一个特点是去中介化，即伴随互联网时代的到来，企业正在经营自己的自媒体，直接面对自己的用户进行沟通、互动。

什么是企业自媒体？传统意义上是指企业的官方账号，如官方微博、官方微信、官方头条号等。

但是，这只是一个片面的理解。在我看来，现在是一个万物皆媒的时代，一切即媒体。企业有很多免费的媒体资源，实际上都没有被好好利用，实在是非常可惜。

什么是媒体？媒体是指传播信息的媒介。它是指人用来传递信息与获取信息的工具、渠道、载体、中介物或技术手段。

众所周知，媒体正在进入自媒体时代，即人人都可以是媒体。在我看来，自媒体之所以能够大行其道，基于两个原因：其一，自媒体的内容是有性格的，有情绪的，这和传统媒体只是信息和内容的展示有很大的不同；其二，自媒体注重读者的运营，不仅是内容为王，更是用户为王。

借鉴过来，企业的自媒体运营，也需要吸取这两点：第一，企业自媒体的内容需要契合企业的品牌调性，不能只是广而告之的信息，而是应该有情绪、有性格的，应该是活生生的人写的；第二，企业的自媒体，要注重用户为王，一切内容都需要引发用户的触动和行动。

再说直接一点，在企业自媒体上，不能引发用户自传播的内容，绝对不是好的内容。

我用一句话来概括在超级标签传播时，企业自媒体的做法：万物皆媒体，内容皆广告，话题皆传播。

### 1. 邀请函即媒体

大家都知道，举办一场发布会或者大型线下活动，都需要给参会者发邀请函。

但是，在传统意义上，邀请函只是起到一种信息告知的作用。如果用“万物皆媒”的思维，重新审视邀请函，你会发现邀请函也是媒体，而且是一个绝佳的媒体。

相信你经常会为发布会或者线下活动的预热而苦恼，那么，为什么不好好利用邀请函这样好的媒体形式呢？邀请函一般会在活动前寄给参会者，是可以好好利用的媒体，能够起到很好的预热作用。

将邀请函媒体运用得炉火纯青的，非手机厂商莫属了。

苹果每次发布会的邀请函，虽然做得很简洁，但却暗藏玄机，隐藏着即将发布的新产品的一些信息。于是，邀请函一发布，往往会引起媒体、网友的各种猜测，客观上为发布会起到了很好的预热作用。

例如，2018 年苹果秋季发布会的邀请函，文案是“又该团聚了”，大家便开始讨论本次苹果发布会将发布一整套的“全家桶”产品。结果印证了这一点，苹果的各种明星产品都来了一次升级，的确是“又该团聚了”。

相比苹果公司的简洁，国内手机厂商将邀请函玩出了更多花样。

例如，魅族在发布魅蓝 S6 手机的时候，寄给媒体的邀请函竟然是一块实心的“砖”，整体是蓝色的，上面雕刻着四个大字：青年良品。原来，魅蓝 S6 的定位是一款“掷地有声”的产品，所以提前送个砖头给大家，以呼应“掷地有声”。而且，这个砖头是不是会让你想到街头服饰品牌 Supreme 的砖头？

在时尚界，最让人印象深刻的就是这个在 2016 秋冬推出的最新配饰系列，一块印有 Supreme 的砖头，刚发售就引来了疯抢，并转眼间在网上被抄到了上千元。魅蓝 S6 的砖头邀请函也在暗示自己的手机也足够时尚。

魅族还曾经送给媒体一份“最土豪”的邀请函。魅族 Pro5 的邀请函可算是当时国产手机最为土豪的了。在这个邀请函中，带有一个价值约 2000 元的“GoPro Hero+”运动相机。GoPro 在极限运动相机中的地位就如同手机界的苹果，寄予了魅族 Pro5 高端定位的追求。在收到邀请函的前夜，正好是苹果发布

iPhone 6S 的节点。结果这份土豪邀请函，让魅族成功抢占了在各大媒体的头条新闻。

360 手机每一次发布会的邀请函也特别有创意，总是出人意料。例如，360 N6 发布会的邀请函竟然是一架大飞机模型。这架飞机模型是波音 777-200LR 的客机模型，该飞机曾创下商用客机不经停直飞距离的世界纪录。在 2006 年 11 月，一架波音 777-200LR 用了 22 小时 42 分钟飞行了 21601 公里，从香港飞到了伦敦。360 手机用这个做邀请函也是看中这架飞机“飞得快、飞得远”的寓意，正好与 360 手机“快也可以很持久”的定位相呼应。

360 N7 手机的邀请函，则是一口铸铁平底锅，上面印有“大机大力，一起吃鸡，5.8 北京”的字样。看来，这是在暗示 N7 手机玩“吃鸡游戏”很流畅，“大机大力”是“大吉大利”的谐音，平底锅也是“吃鸡游戏”中的神级防具。

小米发布会的邀请函也极具创意，例如小米 4 的邀请函是一块钢板，上面写着“一块钢板的艺术之旅”，2015 新品发布会的邀请函又变成了一块纸板，前者寓意金属材质，后者则寓意超薄机身所带来的使用质感。

正是有了这么多稀奇古怪的邀请函，才让品牌传播在发布会前就开始了，邀请函即媒体，带来的是话题与猜测，带来的是造势与声量。

## 2. 产品即媒体

邀请函是媒体，产品也是媒体，在这方面，那些快消厂商已经将产品包装玩出了各种新花样。

可口可乐的“昵称瓶”就是这样。早在 2011 年，可口可乐就在澳大利亚尝试“Share a Coke with……”的推广策略，希望通过这样的方式让品牌对接个人，拉近个人与品牌之间的距离。准确地说，它们并不是“昵称瓶”，而是将常见的名字印在了瓶身上，Katie、Dave、Sam、Martin……总有一个名字和你或你的朋友能对上号。

2013 年，在中国市场，可口可乐将百家姓调整为昵称，比如“吃货”“女汉子”“白富美”等。因为抓住了社交平台上各种关键词和社群标签，击中了“80 后”“90 后”的内心痛点，增加了他们在社交平台上的分享概率。

正如我上面所说，可口可乐的“昵称瓶”将瓶子变成了媒体，而且承载的内容是有情感的，加上社交平台的扩散，迅速实现了裂变式的传播。

在 2014 年，可口可乐又将“昵称瓶”升级为“歌词瓶”，即将一些精心挑选的歌词印到瓶子上。从周杰伦到五月天，从世界杯主题曲到毕业季歌曲，考虑了不同年龄段、不同性别和不同人群的喜好。相比于简单语义的“昵称瓶”，“歌词瓶”能够被赋予更为丰富的意义，和用户的沟通会变得更有深度。

之后，可口可乐又推出过“城市罐”，包括北京范、上海潮、广州味、杭州媚、厦门风、洛阳韵、青岛浪、成都闲……将每个城市都用一个字定位，总结出对于这个城市的印象，并进行了拟人的表达，设计出具有当地特色的人物形象作为瓶身图案，也传递出了年轻人的活力和朝气。

当然，说到产品即媒体，必须要说一下江小白，它将酒瓶变成了挥洒文案的媒体。正如江小白的老板所言，“产品出来了，剧本就来了，剧本来了，IP 就来了！”

有意思的是，江小白的产品即媒体也经历了不断的升级。1.0 版本是江小白创作好的文案，是单向给予消费者的，这样的内容是否能激起消费者的共鸣，不是完全确定的；2.0 版本是让消费者说，把好的语录做成产品。这就像是我之前说的，最了解用户的永远是用户自己，让用户帮你策划内容，永远是最能触动人心的。

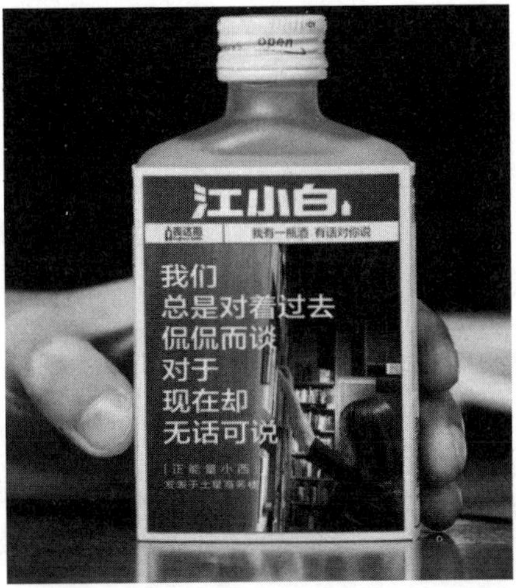


正是因为江小白产品即媒体的玩法，让江小白做的不仅仅是酒，还是媒体，并且经营的是用户的感情。

在 2018 年，江小白又一次将其产品媒体进行了升级，我称之为 3.0 版。江小白和京东合作，推出了天生自由的 AR 酒瓶，打开京东 App 上的“扫一扫”，扫描酒瓶，就能瞬间穿越到一个“燃爆”的音乐现场，让用户感受电音派对带来的视觉冲击和听觉冲击，体会江小白传递的“混出自由真我”的品牌理念。“酒瓶+AR 技术”将产品媒体升级到了 3.0 时代，可以带给用户身临其境的沉浸式体验，能够表达的信息丰富度也进一步得到提升。

这种突破在营销上是具有里程碑意义的。对于企业来说，与其花费巨额资金购买地铁灯箱、户外广告牌、电视等外部媒介资源，不如将自己家的产品资源好好利用。使用 AR 技术，将产品变身媒体，为企业打开了一扇新的品牌传播大门，开启了一个品牌传播的新世界。更重要的是，这个新世界的传播效果是很强的，这是因为和用户有了强互动，且打通了数字世界和物理世界的隔阂，实现了沉浸式体验，带来的震撼感是传统广告形式无法比拟的。不仅产品即媒体，还能实现广告即内容，而且是广告即好玩的内容。

江小白的酒瓶媒体，也特别善于和热点相结合，借势热点制作媒体内容。在网友大谈星座文化的时候，江小白与同道大叔合作推出了同道大叔纪念版；在重庆直辖 20 周年的时候，江小白推出了重庆味道纪念版；在 2017 年中文说唱文化兴起的时候，江小白和说唱艺人联合推出了 YOLO 纪念版。

产品即媒体，还可以和 IP 深度结合，任意挥洒。在 2018 年，借势《延禧攻略》《如懿传》等清宫戏的火爆，农夫山泉联合故宫推出了农夫山泉故宫瓶。这套限量版“故宫瓶”共分为九款包装，上面印着乾隆、富察皇后等。因为印上了馆藏人物画像，中国风十足。除此以外，还设计了一系列人物独白文案。

比如，“你是朕写不完的诗。人世间最长情的浪漫，是朕提笔想起你，而你恰好在殿外安静伫立，笑意盈盈。”

“朕只要有你就好，朕身居万人之上，也是在无人之巅了，若有来生，愿与你做一对寻常夫妻。”

产品即媒体，还有很多玩法。比如，味全每日 C 果汁的“拼字瓶”，不仅印上了字，更是将主动权交给消费者，将“媒体”玩了起来。在它新推出的包装上，印有不同的汉字，并配上一句话。比如写着“天”的桃汁包装上写着“宠上天，你要喝果汁”等。如果把瓶子排列在一起，包装上的汉字还可以排列组合成各种句子。

他们在汉字的选择上花了很多心思，“大概有 1/3 的字拼出来是和果汁增强抵抗力有关的，2/3 的文案主要还是强调关怀。”

之后，味全每日 C 果汁还推出了升级版。比如“提示瓶”，“你欠身体一个好觉”“你欠身体一个假期”“你欠身体一个好习惯”等。用年轻人熟悉的语言鼓励大家从快节奏的生活中放松下来，倡导大家追求健康的生活习惯，在年轻人群体中引发了强烈的共鸣。

值得注意的是，产品包装并不一定非要将语录或者文案印到包装上，包装的颜色或者设计也是一种媒体形式。比如，白酒的包装大多数是红色的，而洋河推出了蓝色包装的天之蓝，让消费者站在货架前第一眼就能注意到，这也是一种产品即媒体的形式，更是产品的一种颜色标签。

实际上，产品即媒体可以有更大的想象空间。给大家说一个“答案茶”的例子，这个茶饮连锁店在 2018 年突然爆红。答案茶的玩法是在奶茶腰封上写下你的问题，开盖便能得到答案，所以答案茶又称为“占卜茶”。

例如，你的问题是：“我和他还有可能吗？”得到的答案可能是：“相濡以沫，不如相忘于江湖。”你的问题是：“我什么时候能瘦下来？”答案可能是：“你字丑人胖，我拒绝回答。”

因为开盖的那个动作和未知的答案，特别适合 15 秒的抖音短视频。加上抖音短视频和答案茶的目标人群又比较匹配，两者结合在一起，传播力度得到了大大的提升。

小结一下，产品即媒体，可以有1.0版的好玩文案，可以有2.0版的消费者互动内容，也可以和AR等前沿技术结合，升级到具有沉浸式体验的3.0版。同时，可以借势热点，和知名的IP结合起来传播内容。这些方法都将让产品媒体附带上不同的属性，触动不同用户圈层的内心。

### 3. 万物皆媒体

万物皆媒体，只有想不到，没有做不到。

对于餐饮企业来说，打印的小票可以是媒体。用互联网思维做煎饼的黄太吉，就在打印小票上印上了箴言，消费者看到觉得好玩，会拍照发微博信息或者朋友圈信息，无形中就形成了传播。

在一次分享中，黄太吉的创始人赫畅如此说起初衷："比如点餐会领小票，每一张小票难道不就是一个百分之百到达的媒体吗？我们每一天小票给出一万张，这不就是一万张广告费吗？我宣传什么？肯定不能说煎饼好吃，或者我们食品安全，这东西你讲一天可以，你能讲一千天吗？所以我们坚持每天写一句话，我自己写今日小票。比如，'生活总有许多喜怒哀乐，就像煎饼，摊匀就好'。有时候晚上喝多了，实在没有写的，就写上'今天老板喝多了，没有箴言'。这条反而转发最多。到今天我写了700多条了，写了700多天了，很多人说多难写啊，都可以写一本书了。我说你每天活 24 小时，一句话都想不出来，你白活了。”

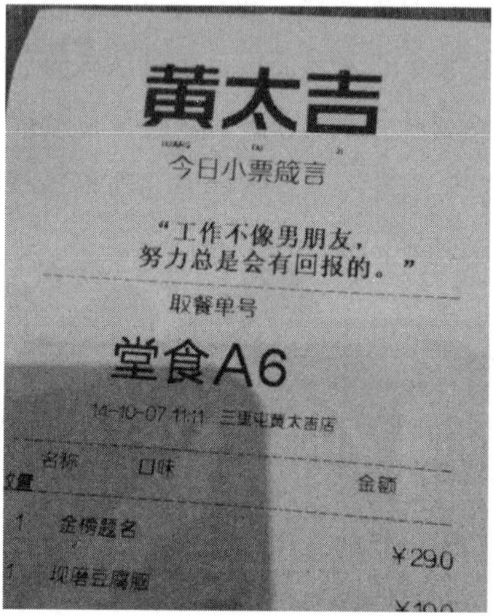


对于快递公司来说，配送车可以是媒体。还记得我之前举的利用京东配送车推广联想千元智能机的案例吗？就是将配送车作为媒体，然后用精心设计的内容进行传播。

对于电商来说，包装箱也是媒体。最出名的案例莫过于本来生活网将褚橙打造成“励志橙”的故事。在褚橙上市前后，关于褚时健的很多励志故事开始传播，同时本来生活网的褚橙包装箱也化身为媒体，传递类似的内容。“人生总有起落，精神终可传承”被大家耳熟能详，让褚橙不再仅仅是一个好吃的橙子，还是带有褚时健励志故事的“励志橙”。

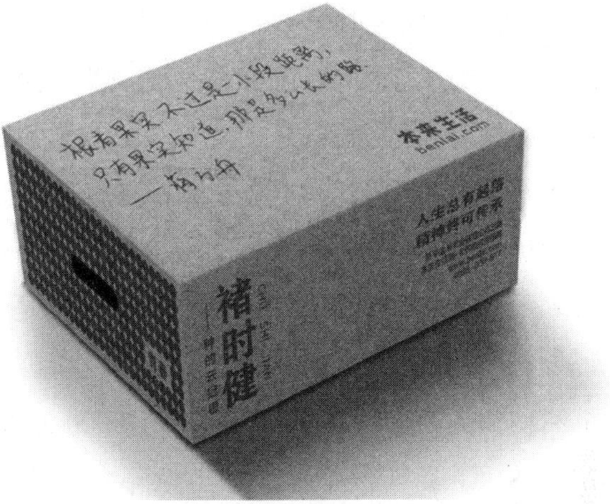


而且，本来生活网还和韩寒、蒋方舟等名人合作，为他们定制了专门的包装箱，掀起了一拨幽默营销。比如，韩寒收到的箱子上印着“在复杂的世界里，一个就够了”（韩寒主办的“一个”App 的口号）。韩寒收到之后，发了一条微博，“我觉得，送礼的时候不需要那么精准的。”配图是一个大纸箱，上面仅摆着一个橙子。

这条微博迅速引起网友的大规模围观，围观者纷纷评论，“橙心橙意，一个就够了！”“韩少应该后悔当初怎么不把‘一个’叫‘一车’或者‘一吨’。”网友各种会意的打趣，加上韩寒故作无奈的语气，这条微博引来 300 多万人次的阅读，4 千多次转发评论。

而且，包装箱也能玩出很多新的花样。内容电商平台小红书就是这样，首先，它的箱子是红色的，在一众牛皮纸的包装箱中就很有辨识度。而且，它的盒子上会附带一两句好玩的话，比如，“原谅我一生放荡不羁爱 shopping”“工资已经到账，快递还会远吗”“你这么有品位，你妈妈知道吗”“我不要全世界，只要全世界的好东西”等。

有一年“白色情人节”，小红书又将用户互动引入到了包装箱媒体的玩法中，为了让用户在微博上欢乐地晒快递盒，小红书连续 6 天让网友猜快递盒上面的图案代表的是哪部电影，并表示每天都会从猜对的网友中选出 2 位幸运儿送护肤套装。整场晒单活动有趣好玩，话题阅读量接近 6000 万人次。

2017 年 8 月，暴风影音告诉我们：App 的介绍竟然也可以是媒体。暴风影音在当时的 App 更新版中的最新动态里有一句话火了，这句话是：“修复了闪退的 bug，还杀了一个程序员祭天。”看到这么“血腥残暴”的调侃，网友的第一反应是乐了，“哈哈，笑死了，暴风影音，没有下载就没有杀害。程序员这职业高危啊？”“感觉程序员是一个高危行业，产品的更新迭代还需要举行祭天仪式。”大家一致认为“没有下载，就没有杀害”。大多数网友以戏谑的段子跟风调侃，并为“被祭天的程序员”点蜡烛。借助这个 App 版本更新介绍的“媒体”，已经许久没有消息的暴风影音上了头条。

歌单也可以是媒体。2018 年苹果新 iPhone 发布，由于没有太多惊喜，让华为看到了机会，华为借势为自己一个月后的华为 Mate20 手机发布会宣传营销。华为营销的主题词是“华为稳了”。其中一个比较新颖的创意是在华为音乐 App 上创建了一个歌单“稳了，稳了”，精心挑选了 16 首歌曲，这些歌曲的名字按照顺序连起来是：《Mate》《20》《下个星期去英国》《London》《遇见》《科技舞步》《Dream It Possible》《最美的期待》《追梦赤子心》《我的天空》《平凡之路》《倔强》《我的未来不是梦》《夜空中最闪亮的星》《改变自己》《我们不一样》等。通过歌单这个特殊的媒体，华为成功地塑造了“华为稳了”的超级标签。

2018 年 5 月 20 日，QQ 音乐也用歌单做文章，做了一个“520 会撩人”歌单的营销活动，它号召用户在这一天用歌单向心爱的人表白。不仅众多网友参与进来，用歌单向自己爱的人表白，更是有众多明星的粉丝加入，用歌单向自己的偶像表白。

不仅“万物”都可以是媒体，而且“人”也可以是媒体。在京东，配送员是传播的最大载体之一，京东有数万名配送员，在每天的送货中涌现出了许许多多的感人故事，这些故事的传播，对于京东的品牌形象起到了很好的提升作用。

我一直认为，一个企业，不能仅仅是 CEO 对外发声，而是应该建立起多点发声体系，尤其是来自公司一线的普通员工，值得挖掘和传播他们的故事。和 CEO 高高在上不同，一线员工是普通人，这种普通人的不普通的故事，因为和公众契合度更高、更接地气，从而更容易获得公众的共鸣和触动。

最近几年京东的品牌传播，有一个著名的京东红的故事。京东会收集全国配送员的感人故事，然后以摄影的方式拍摄下来。在最终呈现的照片中，整体是黑白色的基调，其中只有京东配送员是红色的，颜色对比鲜明，特别有冲击力。通过具有冲击性的画面和朴实的文字，展现出京东快递小哥平凡工作中的不平凡。他们有的人要过江送货，有的人要横跨沙漠送货，但是无论在什么样的环境里，都能看到那小小的一点红，展现着他们平凡的力量。

“每天开车三百多公里，很寂寞的，有时候会追松鼠，有时候会跟着别人的车，自己给自己找些乐子。”

“沙漠里虽然风沙大，但特别有意思，同样一条路，今天看到的沙丘，明天可能就没了。”

“顺着皇城根儿天天走，别看我不是北京人，哪条胡同的哪盏路灯不亮了，就连住这儿很多年的人都没我清楚。”

“一直听说这山里有一个千年古庙，庙里只有一位老僧。送完货才知道，我送的竟然是千年第一单。”

一篇文章这样评论京东红的故事：“京东的海报更多展现出关注人与人之间的温情互动，深入到配送一线，对每个配送员的故事娓娓道来，沙漠行者、怒江飞人……故事人物聚焦到海报上的京东红马甲，给人饱满的现实感，一客收单万人忙，京东这次誓要打造一次最走心的双十一。”而在文后的评论区里，京东也因为“人情味”“暖暖的”而收获不少好评，因为不仅形式感人，而且说的都是真话，人话。

京东红的故事第二季为 2017 年“京东 618”的子项目，京东小哥化身荣耀的守护者，默默地以自己的方式守护着像极地考察船、中国天眼等国家荣耀。

“他们总说，其实他们也是个送货员。只不过我在地球上送，他们往宇宙里送。”

“半年前，他们带着我配送的东西去了南极。半年后，他们带着远古的天气回到了母港。”

“他们说这里是清净的地方，屏蔽了一切杂音和信号。只为等待那来自宇宙边缘的细小声音。”

“问他为什么来这么远的地方上班，他笑着说这里离月亮更近一些。”

在 2019 年春节期间，京东红的故事进化到了第三季：红的寄托。这一次，京东一改配送员出镜讲故事的方式，而是变成了用户的视角。通过红色的挂断键、红色的口红、红色的手链、红色的鞋垫，用户讲述自己的情感故事。如父亲不忍挂断与儿子的视频通话，女儿给妈妈涂上红色的口红等，从侧面表现京东的“可信赖”。由此，配送员成了京东品牌传播的媒体，用户成了京东品牌传播的媒体，他们共同讲述的是京东红的故事，讲述的是京东的品牌，塑造起京东“红”的标签。

对于电商来说，其本身就是媒体。现在的电商，开始在促销之外探索内容营销，其中开业界先河的莫过于淘宝在 2016 年推出的《一千零一夜》。在淘宝的首页，一档以“美好的事物能治愈”为主题的《一千零一夜》栏目上线，讲述 16 个都市奇幻小故事，以每周三、周四推出一集的频率陆续放出。

这些故事包括：外地打拼的女孩，在思乡的夜里，老板为她送上了一份鲅鱼水饺；胆小的人则为他准备了一剂“麻药”

壮胆；在孤独的火星上，有一位父亲收到了儿子寄去的零食包裹……到淘宝《一千零一夜》第 16 期活动结束，相关话题量已超过 6 亿人次阅读，打造了鲅鱼水饺、伊比利亚火腿等爆款商品。

实际上，万物皆媒体，本质上是万物皆有故事。比如淘宝的《一千零一夜》，就让鲅鱼水饺不再仅仅是商品，而是有了很多的故事的商品，而且是充满情感的故事。这个时候，就不再是和竞争对手拼价格、拼功能，而是用情感触动人。

所以，与其花费很大价钱去付费的媒体上投放广告，不如审视一下自己有哪些可以利用的免费媒体，琢磨一下在这些媒体上应该制作哪些能产生话题的内容，讲一个触动用户的故事，塑造起属于自己的标签。

再次重复那句话：万物皆媒体，内容皆广告，话题皆传播。在超级标签的形成和传播过程中，完全可以使用很多以前忽视的“免费”媒体，通过精心设计内容，制造话题，以达到四两拨千斤的传播效果。

# 10

# 传播即运营：

## 产品、整合、运营

冰冻三尺非一日之寒，只有拥有运营产品的思维，才能让你的超级标签更加持久。

### 1. 传播即产品

我经常开玩笑说，传播是最落后的模式，因为每一次的传播做完了，你就回到了原点，要为下一个传播绞尽脑汁。我就特别羡慕那些做产品的，只要做出一个产品，然后不断迭代下去，每一次新的版本都是站在前一个版本的肩上，是螺旋式的复制和升级。

传播到底能否做成一个产品，实现传播产品化呢？用运营产品的思维去做传播，我有了意想不到的收获。

首先，我们来看产品到底具备什么要素？我认为起码要有三个方面的要素，第一，产品是能够迭代的，比如微信从 1.0 版本一直迭代到了现在的版本，每一次迭代都是在总结上一代的基础上进行的，做得好的继续，做得不好的舍弃。第二，产品是一个平台，能够整合尽可能多的资源。第三，产品又是有品牌的，所以用户能够记住你，你也能获得免费的流量。

如果用产品化的方式去做传播，我们的思路也打开了：你做的不是传播，而是一个产品，每一次传播的结束，反而成为你这个产品迭代的开始。

例如，媒体关系可以产品化，传统的媒体关系，可能指的是你和记者吃了一次饭、聊了一次天，也可能是你做了一场媒体答谢会，但是这样的活动做完之后就结束了，几乎不能沉淀下什么。如果用产品化的方式做媒体关系，会有什么不一样之处呢？

2012 年，我在京东建立了一个叫作“京东思享会”的组织，顾名思义，这是一个思想碰撞的组织。我们会邀请重要的意见领袖，请他们成为我们的顾问。每年，我们会找一个时间，将他们聚集在一起，举行闭门的研讨会，邀请他们给我们出谋划策、批评指正。

因为每一年都做，在第一届做完之后，我们会调研、总结，把做得好的地方固定下来，把做得不好的地方进行改正，这不就相当于产品的迭代吗？第一届是 1.0，第二届是 2.0……这时候，“京东思享会”就变成了一个媒体关系的产品，变成了一个媒体沟通的平台，它因为仪式化而具有了权威性，也因为大家的传播，而有了独特的品牌性。

同样，腾讯的《腾云》杂志也是将媒体关系产品化的经典案例。表面上看，《腾云》是腾讯出品的一本文化类杂志。但实际上，它绝对不仅仅是一本杂志，而是一个增进媒体关系的产品和平台。看看《腾云》杂志的介绍：

“《腾云》的每一篇文章，都来自云中智库的意见领袖的推荐。推荐者，而非作者，是这本杂志真正的灵魂所在，我们希望汇集最有深度和睿智的思想，来影响社会的未来。我们诚挚地邀请所有关心互联网未来、中国未来、人类未来的人加入云中智库，请用您的知识视野，为我们推荐思想的卓文。在这里，您的思想将通过《腾云》以及网络平台传递给社会，您的每一次推荐，都为这个不确定的时代寻找了一颗思想的种子，这思想总会生根、发芽，并释放光芒。”

是的，《腾云》杂志背后，是意见领袖，他们进行文章推荐、定期沟通。于是，《腾云》就变成了一个腾讯与意见领袖连接、沟通、交流的平台，每一期杂志做完之后，也会总结、提升，这让每一期杂志都像是产品的版本。

沿着这个思路去看传播，你会有不一样的认知。众所周知，联合营销或者 BD（商务拓展）同样是归零式的传播，是不是可以将它们做成产品和平台呢？答案是肯定的，京东的东联计划就是这样，它将品牌商和商家的广告资源与京东的站内资源打通，实现了资源的交换，本质上就是一个联合营销产品化的例子。东联计划是可以迭代的，例如东联计划就迭代出跨境版本、IP 版本等，不断向前衍生和升级。

英特尔的成功同样如此，“Intel Inside”的动画及标志性的配乐成为其最成功的标签。它的成功秘籍就是使用一套量化的体系去运营，即 PC 制造商只要在电视、视频网站、电梯屏幕等渠道投放英特尔的产品广告时，将“Intel Inside”的动画及配乐加进来，就能从英特尔那里拿到一笔补贴。英特尔将其与客户的联合营销固化了下来，在客户的“to C”广告中加入“Intel Inside”的广告，直面大众，最终让自己成为家喻户晓的品牌。

京东的“超级品牌日”也是京东与品牌联合营销产品化的绝佳案例。在“超级品牌日”推出之前，京东与品牌也在做各种各样的联合营销，但是每一次做，都是单一、不延续的，做完之后也无法留下什么。“超级品牌日”改变了这一切，它有一套仪式化的东西，会在这一天将最优势的资源都给一个品牌，因为这一点，“超级品牌日”变成了一个京东和品牌整合双方资源的平台。同样，每次“超级品牌日”做完之后，都会为“超级品牌日”带来更多品牌效应，不断迭代、升级，让其成为一个产品、一个平台、一个 IP。

后来，“超级品牌日”成功后，又衍生出“超级品类日”（推广二三级细分品类的促销活动）、“超级单品日”（推广某个单品的促销活动）、“超级国家日”（推广某个国家产品的促销活动）等。

2016 年，我们团队进行了一个促销产品化的探索，推出了京东超市的“疯狂星期五”。当时的想法很简单，因为周五是一周的销售低谷期，团队希望用一个促销来刺激销售。但是，不能每到周五就做一场彼此无关的促销，而是要将每一次促销都沉淀下来，将这个促销做成一个产品。

“疯狂星期五”有产品的很多特征，比如它是可以迭代的，每次做完促销，都会进行数据的复盘，看哪些地方做得好，哪些地方做得不好，好的坚持，不好的改正，这就像是产品版本的升级和迭代。它是有品牌属性的，我们为这个“产品”起了专门的名称“疯狂星期五”，设计了专门的 Logo，有专门的 Slogan“周五狂享二免一，周末轻松好惬意”。

在我的眼里，品牌是什么？是免费的流量！一旦“疯狂星期五”形成品牌，在用户心智中就有了印记，就会有一批忠实的用户每到周五的时候，打开京东 App 或者输入京东的网址，去看看这期“疯狂星期五”有什么值得买的商品。这样，我们就有了宝贵的免费流量！

“疯狂星期五”同时又是一个平台，设定了一个固定的资源列表，每一期都会整合这些资源上线。这让“疯狂星期五”也成为可以对内、对外进行资源整合的最佳平台，成为“京东618”“双十一”等特大促销活动的试验场。

其实，京东与各大流量平台的合作，也采用了产品化的思路。京东与腾讯的合作，制造了一个叫作“京腾计划”的产品。简单来说，京腾计划就是将京东和腾讯的数据打通，这样能够给广告主更精准的广告效果。京腾计划在取得成功后，京东将这种模式复制为“京×计划”：京东与今日头条的“京条计划”，京东与 360 的“京奇计划”，京东与百度的“京度计划”等。

所以，传播产品化的本质，就是尽可能地将传播中的标准化部分固化下来，而非标准化部分可以与时俱进，总结、迭代、提升。这样，传播就有可能走出传统散乱、归零化的窘境，从而变得越来越像是一个产品。

这就是传播即产品的魅力所在。

### 2. 产品即平台

上面说了，所谓产品，它是一个整合各种资源的平台。同样，对于传播来说，要想实现传播产品化，就要实现“产品即平台”，用整合思维来做传播。

说实话，“成功是偶然的，失败是必然的”，这个时代想再靠灵光一闪、拍脑袋做决策已经难以奏效，只有靠一个整合传播的体系才有可能实现成功。

整合，有四层意思。第一层意思，是整合内部所有可以整合的资源；第二层意思，是整合外部所有可以整合的资源；第三层意思，是整合所有可以整合的形式；第四层意思，是时间维度的节奏，即在一段时间内进行精心策划，有节奏地进行传播。所以，我在做团队时，在做任何一次传播的时候，都会搜罗内部所有可以整合的资源，都会将品牌商、商家等合作伙伴拉进来一起合作，都会整合线上广告、线下广告、公关、地推、新媒体传播等传播形式。

这样的大整合式传播，才是传播能够切实达成目标的组织性保证，才是树立标签的秘密武器。永远要相信体系的力量，一个不断总结、迭代的体系，永远比一个创意、一个文案要有效得多。

举一个我们团队当年做的一个“双十二”的案例。2015年，电商行业最火的就是天猫超市与京东超市的“商超大战”，在2015年年中，天猫超市出尽风头，它借着天猫在北京开通双中心，大举进攻北京市场，不仅“狂撒红包”，而且用铺天盖地的广告“狂轰滥炸”，给京东制造了很大的压力。

在这个时候，我从公关部转岗到消费品事业部，直接负责京东超市的营销推广工作。我们决定在“双十二”打一场整合传播战役。

在促销点上，我们想出了一个卖点“1 分钱爆品”，即京东超市会在“双十二”这一天拿出众多只售 1 分钱的爆品。如果仅仅这样，就仍然只是一个促销手段，就像我之前说的，在现在这样一个社交时代，要有好的传播效果，一定要有话题，要能带动用户进行自传播。

于是，我们用精准思维在全国选出了 10 个城市，每 1 个城市设定一种爆品，这样就可以用“京东超市 1 分钱请北京人民吃鸡蛋”“京东超市 1 分钱请上海人民喝进口牛奶”等来进行传播。因为这种话题和自己的城市更具相关性，话题感大大增强。

具体的时间节点是这样安排的。在 12 月 12 日前一周，我们用大数据分析了 10 个城市人民最喜欢的爆品，这是悬念造势，为后来我们在不同城市推出不同爆品做铺垫；然后在 12 月 9 日，在微信上举行发布会，向媒体宣布“京东超市爆品 1 分钱”的活动；在 12 月 10 日，开启广告的“狂轰滥炸”，我们在 10 个城市的当地大众媒体，投放了头版广告，同时在杭州包下了一个地标性建筑，玩起了灯光秀，打出了“12.12，京东超市邀你嗨起来”的字样。

为什么是杭州？因为杭州是天猫超市的总部，当天猫北上时，我们南下。在杭州的这个小插曲，也是一个自带话题的传播点。正如有自媒体后来评论的那样：“‘双十二’的 1 分钱风暴，在 10 个城市排出强大攻势，尤其是进军杭州的行动，让我们看到一个完全不一样的京东，一个完全不一样的京东超市，这宣告京东超市正式从战略相持进入战略反攻阶段。”

12 月 12 日，大促开始，我们整合了站内最强势的流量进行曝光，很快爆品被一抢而空。很多用户自发分享链接，号召亲朋好友进行抢购。活动结束后，众多媒体、自媒体进行评论，话题进一步发酵，将活动推向了高潮。

这就是典型的整合化传播，整合了站内、站外品牌商和商家的资源，综合运用了新媒体传播、公关、广告、地推等传播形式。在一周的时间内，有节奏地设计了众多话题点，让京东超市形成了多点开花、不断引爆的态势。由此，京东超市的这次“双十二”活动，变成了一个平台，一个整合各种资源、创意和声量的传播平台。

再来给大家讲一个案例，来说明传播产品化、产品平台化。

我们团队当年负责京东的官方微博和官方微信，曾经连续几年在“京东 618”都有一个标志性的节目，即联合品牌商一起过生日。因为“6 • 18”是京东的店庆日，怎能少了朋友的庆生？于是，我们有了利用京东的官方自媒体平台做一场大派对的创意。

传播产品化、产品平台化，就是要将标准化的部分固化下来，同时与时俱进，在下一次进行迭代。这次的传播也不例外。“品牌商和京东一起庆生”就是标准化的，每一年我们都会坚持，这让它有了产品化的雏形。同时，在形式上，我们会在每一年结合最火的形式进行创新，这样有“变”，也有“不变”。

在 2013 年，海报最火，我们用的是庆生海报。数十个品牌商，用他们自己的创意，结合自己的产品，用自己的官方微博发出庆生海报。这里面，一定要注意，这种联合营销一定要注意“求同存异”，即既有“同”，就是“庆生”这个中心意思，也有“异”，就是要给品牌自主权。例如，在我们的这个庆生海报的联合营销中，品牌们发挥了各自的创意，用自己的官方微博发出信息。是不是很像我们之前说的“让用户帮你策划，让用户帮你传播”？

在 2014，微博最火，我们用微博做了一个狂欢嘉年华，就是类似迪士尼那样的游乐广场，每一个游乐设施包给品牌商来做，玩法也很简单，就是一个老虎机，用户可以在每一个设施中玩，品牌商对这个设施进行冠名，而且提供奖品。

在 2015 年，H5 最火，我们用 H5 做了一个宇宙奇妙市集，和狂欢嘉年华类似，给每一个品牌商一个星球，由他们冠名，同样是有奖小游戏。

这就是传播产品化、产品平台化的例子。因为每年“京东618”官方自媒体都会做，所以形成了品牌，在用户心智中会形成印记，这是“不变”的东西。“变”的是形式，总是与时俱进，使用最新的形式来吸引用户的关注和参与。

其实，现在很多人非常焦虑，到底应该如何抗击焦虑呢？这种“变”与“不变”的策略值得借鉴。我们为什么会焦虑？就是因为总是盯着风口，盯着竞争对手，我们就会想，是不是应该追上去。实际上，我们做任何事情，都要有“不变”的部分，即自己的核心竞争力，也要有“变”的部分，即所谓的风口、趋势、创新。只要两者兼顾，就不惧变化，不怕焦虑。

我们小结一下，产品即平台，就是用整合传播的思维来将传播产品做成一个整合各种资源、各种传播形式的平台，用传播体系去应对实际需求。

## 3. 平台即运营

我们之前提“运营思维”，到底什么是运营？为什么一定要走“传播即运营”的路线呢？

传播即运营，就是摒弃渠道、文案、创意为中心的旧思路，而是要以用户为中心，不断地和用户进行连接、沟通、互动，直达用户的内心，影响他们的认知。

你或许会说，这一章貌似和标签传播没太大关系。错了！标签传播是目的，是在用户心智中树立标签。但是，如何做呢？就是用运营的思维，将传播产品化、产品平台化、平台运营化。所以，标签是最好的传播结果，运营是最好的传播手段。

本来，在互联网行业，传播是传播，运营是运营，但是近些年来，传播和运营的界限越来越模糊，两者正在融合在一起。

从运营的手段来说，可以分为物质激励、精神互动、社交裂变、游戏运营、积分体系、付费会员、精准体验、体验触动等方式。

物质激励，很简单，就是用优惠券、红包、返利等物质激励的方式，吸引用户的关注或者帮助你进行传播。此处，我特别要说一下与不确定性结果关联的物质激励，即用户是否能获得激励是和某个不确定性的结果相关联的。因为不确定性的存在，它自带话题，让整个营销像买彩票或者赌局一样，特别能吸引用户的关注。

最有名的当属 2018 年世界杯华帝的“法国队夺冠，华帝退全款”的营销案例。2018 年 3 月，华帝签约法国国家足球队，成为其官方赞助商，在世界杯开赛前华帝推出“法国队夺冠，华帝退全款”的营销方案，若法国队在 2018 年俄罗斯世界杯夺冠，则对于在 2018 年 6 月 1 日至 6 月 30 日期间购买华帝“夺冠套餐”的消费者，将按照产品发票全额退款。

随着法国队的出色表现，网友对于华帝这个营销活动的关注度不断升温。有投资者表示，本来自己不是球迷，但因为华帝的营销而关注世界杯，而且还重点关注法国队的表现。有网友称，看好法国队的球迷如今都无须在竞猜足彩上下注，购买华帝的产品也一样可以实现回报。还有网友戏称，华帝可以通过在法国队身上压下重注，从而对冲赔付消费者的风险。

让我们看看最终的结果：因为法国队如愿夺冠，线上加线下，华帝总退款金额为 7900 万元。相比其他厂商花费数亿元打世界杯广告，华帝用这么少的钱，却达到了很好的品牌曝光效果。这是一次成功的营销。

2014 年 12 月，哈根达斯的哈根速递上线，当时也做了类似的营销，将不确定性的下雪与免单相关联，如果下雪就免单。

在物质激励中，即使是赠品，也可以玩出“不确定性”的花样来。2013 年“双十二”，淘宝花费 3600 万元买下了 12 月

12 日双色球彩票的所有组合，并将把它免费分给手机淘宝用户，唯一的领取门槛是必须下载最新的手机淘宝客户端。这样的赠品，既有话题性，也有不确定性带来的刺激。

在精神和情感互动上，能够做的事情更多，例如内容营销、IP 营销、明星代言等，都是通过与用户进行精神和情感的互动、交流，来拉近产品或者品牌与用户之间的距离。

这里着重讲一下手机企业喜欢玩的“预约抢购”。这种方式发轫于小米，一般一个机型的发售都会提前半个多月进行预约，因为数量有限，每次开售总是会供不应求，造成十分火爆的场面。而前半个多月的预售，也是大面积曝光、推广、传播的时间。想象一下，这么长时间的造势，相当于是将弹簧压到了极限，然后在正式发售时得到爆发，爆发的势能可想而知。

本质上，这种“预约抢购”是饥饿营销，打的是心理战，贩卖的是一种紧张感。它通过前期蓄水，后期分期限量放货，让很多想买的消费者买不着货，从而让消费者的购买欲望达到极点，来制造供不应求的“假象”，以此达到维持商品较高售价和利润率的目的。通过这样的心理战，不仅可以大幅提升销量，更有助于将自己贴上“爆品”的标签。

当然，饥饿营销是一把双刃剑，如果消费者总是买不到货，也可能会弃你而去。凡事都需要掌握一个度。

社交裂变的方式，我不做过多赘述，建议参考之前的章节。社交裂变，本质上就是让用户帮你进行传播。2018 年的瑞幸咖啡就是如此。它之所以能够突然爆红，其中一个秘诀就是社交裂变。瑞幸咖啡 CMO 杨飞曾经如此描述这种社交裂变。

“与传统营销相比，裂变营销的不同之处有两点。第一，强调分享。必须通过老用户的分享行为带来新用户。这样成本最低、获客最广。在微信、微博等社交 App 诞生并且成为主流应用后，分享平台和技术手段已经不是障碍，如何让用户分享才是关键，而福利设计和裂变创意是主要解决手段。第二，后付奖励。将原来事前拉新获客的广告费用，分解成老用户推荐的奖励费用与新用户注册的奖励费用，即：广告成本 = 老用户拉新奖励 + 新用户注册奖励。而这些奖励基本都采取后付模式，用户只有注册或完成行为之后才能获得奖励，从而降低了企业的广告投放风险。”

游戏运营在传播中也值得格外重视。很多“70 后”“80 后”，甚至“90 后”都会问同一个问题：为什么 TFBOYS 如此火？我把这个问题发到了朋友圈，得到了很多回复。

有人说，这是因为每个时代都有类似的现象，TFBOYS 的火爆和当年的小虎队、草蜢的火爆没什么两样，“00 后”的 TFBOYS 就像是“80 后”的小虎队。

也有人说，TFBOYS 其实就是一个养成游戏，“00 后”希望能够将这个男团养成，“阿姨粉”希望看着这些和自己孩子一样大的人一点点长大。

我觉得，这个是说到点子上了。

三十几年前，一位名叫秋元康的日本人找来了一群平凡的女高中生，组成了一个叫作小猫俱乐部的大型女子团体，开始在电视台上唱歌跳舞。特别奇怪，大概是人们看腻了专业的、经过包装的偶像。这个普通的女高中生团体反而火了，打败了一线大明星。

这引发了整个日本娱乐产业的关注。秋元康也开创了一个以养成游戏为模式的新娱乐时代。至今依然火爆的 AKB48 女子团体就是他在 2005 年用这种思路打造的。

养成游戏模式是什么模式呢？就是高频率直播偶像人生，陪伴偶像成长的一个游戏。

2013 年，中国 14 岁的王俊凯、13 岁的王源和 13 岁的易烊千玺，组成了 TFBOYS 组合，三人年龄不大，长相就像邻家男孩，他们火了，无数粉丝加入这个“养成游戏”中。

2017 年正在成为一个养成年，短短一年时间，国内近 20 个大大小小的男团组合陆续出现。我认为，很多火爆的东西里面都有游戏的影子。或者说，你要想取得成功需要借鉴游戏里的做法。

游戏之所以能够让人痴迷，就是因为游戏都有一个实时反馈系统。实时反馈系统是什么呢？就是说你只要过关了，立刻就会有正反馈来显示，你的积分上升，或者获得 100 个金币，或者你的等级上升、排名上升。

微信运动之所以火，就是因为把枯燥的走路、跑步变成了一个社交排名游戏！你今天走了 5 万步，你排第一了，你就占领了封面。

微信抢红包也是如此。你抢的红包高，你就显示为手气最好。所以，微信抢红包其实是一个游戏。

很多现实中行之有效的方法，都有这种实时反馈制度在里面。

比如积分制，在企业里，积分制管理已经成为一个很重要的管理制度，用于激励员工；在儿童教育中，积分制已经成为激励儿童学习的一个很重要的方式。

我的女儿报了一个围棋班，老师用太阳、月亮、星星的一套卡片来激励他们。这节课表现好，赢得多，就能得到比较多的卡片，卡片可以用来换玩具。这套积分制度让小孩儿有积极性去学习他们觉得枯燥的围棋。

再比如，台湾的旅游敲章，已经成为去台湾旅游必做的事情之一；电商的签到，根据签到多少天领取奖励，这些都有实时正反馈的游戏影子。

游戏之所以让人沉迷，还有一点是画面、音乐、剧情等设计非常精美，让你身临其境，有一种沉浸式的体验。

比如，阴阳师的画面、音乐、剧情特别的唯美，游戏原声由电影音乐大师梅林茂操持，CV（声优）更是日本声优的全明星阵容，特别富有表现力，让用户在玩的时候，一下子就能身临其境。

这一点也值得借鉴，因为它在新媒体传播中有非常大的价值。比如《欢乐颂》火的时候，某个 H5 可以让你测一下，你是《欢乐颂》中的哪个人物；《琅琊榜》火的时候，你就可以测试你是《琅琊榜》中的哪个人物。

我觉得，无论做营销，做传播，还是做产品，都应该研究一下游戏，学会游戏化的营销，游戏化的生存。

摩拜的红包车案例也很典型。用户打开摩拜单车 App，除了能够看到附近的摩拜单车外，还有机会看到带有“红包”图标的摩拜红包车。用户扫码解锁红包车后，不仅可以享受“2小时内免费”的福利，而且凡是有效骑行时间超过 10 分钟，锁车后即可随机获得 1 元至 100 元的现金红包，并可累计提现至支付宝账户中。

用户按照规则，通过一定的努力，获得数额不定的正面激励。这种玩法不仅让用户获得了成就感和满足感，更通过奖励大小的不确定性增添了趣味，从而彻底引爆了用户的参与热情。

同样，摩拜做的收集贴纸活动，就同时结合了游戏加物质激励的方式，来达到和用户深度互动的目的。摩拜单车骑行用户超过 50%属于工作日早晚上下班有通勤的需求，少部分是通勤之外的需求，严格意义上来说是周一和周五活跃度比较高，周六日相对比较低一些。收集贴纸活动，就是为了激励用户在周末的时候也能骑摩拜单车。

怎么让用户愿意在周末骑摩拜呢？如果用户一周骑五次，怎么让他一周能够骑七次呢？摩拜就让用户收集贴纸，比如一周之内收集七张贴纸，就能兑换一个麦当劳甜桶。摩拜在北京、石家庄的集贴纸换麦当劳甜筒活动还进行了升级，把门槛降低，用户去骑自行车可以随机集贴纸，集齐两张贴纸之后就会获得一张麦当劳甜筒的兑换券。贴纸的设置是有概率的，比如规则设定集齐两张不同的贴纸可以兑换，那么实际上平均下来一个用户骑自行车可能骑三次才能集齐两张不同的。如果互相之间可以交换，就增加了社交元素。

需要注意，传播即运营的各种手段并不是孤立的，根据你的目的可以搭配使用。运营是一门大学问，在本书中囿于篇幅，将做简要阐述，希望深入研究的读者可以阅读运营相关的图书。

最后，我们总结一下，传播即运营，就是要尽可能将传播做成一个产品，能够迭代、形成品牌、整合资源，这个产品就变成了一个平台，变成了一个你运营用户的平台。如此，你的传播将不再是散乱无章的，每一次做的传播也能进行沉淀和传承。

# 11

# 撕掉标签：

## 五大策略大揭秘

前面我们讲了很多内容，都是如何贴标签，传播标签，但是很多时候，我们需要做的却是撕标签。可以这么说，做传播，本质上就是“贴标签”和“撕标签”，在目标用户心智中，贴上理想的标签，撕掉负面的标签。

### 1. 扩展之矢

“撕标签”的一个重要策略是扩展法。顾名思义，就是将自己所面临的负面问题，扩展到整个行业、整个社会，这样自己的问题就只是沧海一粟了。

拼多多在上市的时候遭遇不少负面抨击，这让我想起淘宝来，淘宝当年同样面临更加猛烈的负面指控，让我们一起看看淘宝是如何撕标签的。

众所周知，淘宝被贴上的一个负面标签就是平台上的商品鱼龙混杂。面临这个问题时，淘宝并没有否认问题的存在，而是不断公布越来越严厉的打假措施，在态度上赢得了大家的认可。另外，就是用扩展法指出淘宝面临的假货问题，根本原因是多年来的社会性问题。

淘宝列出的原因，还是非常有说服力的。第一，很多人是知假买假。主要是又贪便宜又爱慕虚荣，这种因为虚荣而买假货的大有人在。

第二，淘宝平台规模足够大，有几百万卖家，它就是一面镜子。马云曾经在一次讲话中表示，“目前天猫淘宝的假货都可以被追踪，我们一旦查实售卖假货，就一定会将对应的商家删掉，但是我们发现，整个传统零售行业里存在着大量假货市场。打假需要整个社会的综合治理，不应该告诉我们哪有假货，而应该有执法部门去关掉假货工厂，吊销他们的营业执照。”

第三，中国有假货，你以为美国没有假货？美国同样有假货，假货是一个全球问题！比如，有媒体就报道美国商会会长 Thomas Donohue 说，假货给美国经济带来的损失每年高达 2000 亿美元。

值得一提的是，2017 年两会期间，马云有一个惊人之语：“像治理酒驾那样治理假货。”将“假货”类比于“酒驾”，是一个非常漂亮的举动，这一方面形象化地阐释了假货的危害，另一方面进一步将假货定位成社会问题，同样属于扩展法的范畴。

如果看看阿里巴巴的呼吁，就能很深刻地理解这一点。“醉驾入刑曾向全社会清晰地传达信息：酒驾者必承担严重后果。其震慑作用正是酒驾行为得到遏制的关键。我们希望全社会形成治理酒驾一样的共识和力度来治理假货。让假货在中国绝迹，必须全民喊打，人人尽责。”

“××是中国社会的一面镜子”是一个经典的扩展法模板。这个也没错，如果一个平台用户足够多，它的问题的确是社会问题的折射，这样的扩展法也很容易获得公众的认同。

在这方面，快手的“撕标签”也是一个非常好的例子。快手短时间内快速爆红，但是也引发了人们对其质疑，快手被贴上的负面标签是“低俗”。

这时候，快手的应对可圈可点。一个招数叫作“直击人心”，这个策略我们曾在之前贴标签的时候讲过，对于负面的问题不回避，而是正面回答，晓之以理、动之以情，再直击人心，将能很好地回击负面新闻，挽回人心。我们看看快手官方的应对。

在知乎上有一个问题“快手为什么惹人嫌？”快手官方进行了回答，就是因为“直击人心”而赢得了无数赞誉。下面是原文摘选，大家可以读一下。

说到“杀马特”，我们看得比较多，多到我们会思考一些事情。

一个乡村的16岁“杀马特”青年，劣质的服装，夸张的举止，惊奇的发型，对知识分子的你来说，当然很难接受。

不过，有时候我们也想，如果我也是在一个在“六线乡村”长大的人，我现在的品位会如何呢？就算我是在一二线城市的城区里长大，16岁时候的我，现在回头看看，品位好像也并不是很好。

而你看看这个16岁的乡村“杀马特”，他从他的村里走到镇上，来到镇上最热闹的街，在街上最洋气的发廊里，选择了这个最炫的造型。

显而易见，他选择的造型，完全不符合时下的审美，他很失败吗？

但事实仍然是，你看到一个少年人，来到他觉得最好的地方，选择了他觉得最好的形象，这是一个年轻人，在追求自己生命里最美好的东西——虽然这个东西你完全看不上。

我不会忽视一个追求他生命中最美好事物的年轻人，他们有未来，他们有希望。

这样的回复，无疑会触动年轻人，得到他们的心理认同。就像一个网友所说，“和他们相比，我们有啥不一样？快手的用户大多数都在三四线城市、农村、城乡接合部，它展现的就是底层人民的欲望。其实转过头来，我们做自己的工作，依然只是社会上的一颗螺丝钉。和他们比起来，谁不想一步登天，却又不得不苦苦挣扎呢？我们不一样，其实都一样。”

快手最重要的“撕标签”策略也是扩展法。快手 CEO 宿华接受媒体采访时说，快手是镜子，你通过镜子看到你自己，也能看到别人。我不想做“哈哈镜”，我尽量地“平”。我们现在的口号叫“记录世界、记录你”，讲的是记录这个概念，记录本身就是一个平淡的词，没有情感和情绪。

最有名的一篇写快手的文章是《我上哈佛，也上快手》，这是 GQ 杂志采访的几位快手“资深铁粉”的故事，这里面有的人是国外工作的研究者、作家、前麦肯锡的合伙人，也有的人是幼教、普通农村高中生。他们都说自己很幸运，因为快手给他们的比想象中更多。

这篇文章通过这种具象的故事，来说明“快手是社会的一面镜子”，它的内容包罗万象。

下面这段话，写得特别好，摘录在此，大家可以细细体会一下。

如今日活跃用户数量过亿人次的快手俨然是一个构架完善的社区，在这上面生活着各种人，无论是空间地理上，还是人格职业上。它也是中国社会极为真实的映照：物质上有悬殊的贫富差距，思想上多种观念交锋，不同圈子的人相互试探，就像近几年年轻人突然难以理解他们的"亲戚长辈"一般。新鲜事物加速成为热点，不断被追随，又被后来更新的东西彻底淹没，这是我们在21世纪第2个10年的生活。世界正在变平，是趋势，也是未来。人的一生各有境遇，有人浮上来，就有人沉下去，但不可抹去的是每个人努力生活的痕迹——快手默默记录他们的快乐，而快乐没有高低。

——《我上哈佛，也上快手》GQ杂志

无论是撕标签，还是贴标签，本质上都是用户的认知管理，只有直击内心，进行心与心的沟通才是终极之道。

## 2. 老树新芽

当你的品牌被贴上负面的标签时，一种策略是进行品牌重塑，撕掉这个负面的标签；另外一种策略是另起炉灶，在老树（老品牌）上孵化一个新的标签，这个新的标签可以是一个新品牌，也可以是一个新定位。

例如，淘宝为了树立"品质"的标签，推出了一个新的品牌：淘宝商城。后来干脆在名字上和淘宝彻底割裂，将淘宝商城改名为天猫。

这是一个非常好的策略，天猫的B2B2C的模式和淘宝的

C2C 模式不同，更能保障商品的品质和用户的体验，加上品牌比较新，受到淘宝的影响比较小，所以品牌印记相比淘宝要好得多。同时，淘宝可以将流量导给天猫，又实现了联动，一举多得。

当百度因为竞价广告受到批评的时候，对搜索业务采取低调的态度，而高调宣传 AI（人工智能）业务，为自己成功地树立起 AI 的新标签。这个例子也给我们带来了新的思考，当你被贴上负面标签时，有的时候不要企图去辩解、反驳，因为这种辩解、反驳反而会强化你的负面标签，最好的办法是对负面标签置之不理，再树立一个新标签。如果这个新标签树立成功，而且声量足够大，就会正面压倒负面，犹如东风压倒西风，成功地让你弱化、甚至去掉负面标签。

同样，当一个企业进入一个新的品类时，有两种选择，一种是用原来的品牌，另一种是推出新的品牌。前者的好处在于可以借用原来品牌的知名度，节约传播和推广的费用，但是缺点是老品牌可能会受到影响，或者老品牌的负面印记会影响到新品类的拓展。

例如，我最爱吃的一种方便面是“一菜一面”，它采用 FD 冻干技术，将炒菜和面饼结合在一起，在口感上颠覆了我对于方便面的认知。后来，我才知道，“一菜一面”是今麦郎出的。如果今麦郎不是用“一菜一面”这个新品牌拓展高端市场，而是用今麦郎品牌，即使方便面做得再好吃，也一定不会树立高端的标签。因为今麦郎已经和大众方便面紧紧地连接在一起了。

反面的例子是霸王凉茶。在看到凉茶市场大有可图后，霸王集团推出了霸王凉茶，并聘请甄子丹代言。2011 年实现销售收入 1.67 亿元，占到了霸王集团总业绩的 18.8%，但随后霸王凉茶的发展急转直下，2012 年营收 1758.3 万元，2013 年上半年营收仅为 79 万元。资料显示，2013 年 7 月 1 日，霸王集团停止生产及销售凉茶。

为什么会这样？其中一个原因就是标签的问题。霸王集团长期的传播、推广，让霸王这个品牌牢牢地被贴上了“去屑洗发水”的标签，当其进军凉茶这个新的品类时，没有采用新品牌，而是采用原来的霸王品牌延伸的策略。正如我们之前说的“直击人心”，当用户看到、听到“霸王凉茶”的时候，心智中会想到什么样的标签呢？依然是“去屑洗发水”，在这种情况下，你还会去喝霸王凉茶吗？

在手机市场，这种老树新芽的方式也有很多的例子。比如，互联网手机火爆的时候，很多手机品牌纷纷推出专门的互联网品牌，华为推出了荣耀，中兴推出了努比亚等。

为什么要推出专门的互联网品牌呢？就是因为互联网手机的运作模式，无论是渠道（主要是电商），价格（低价），还是运营（粉丝互动）都和传统品牌有很大的不同。如果直接用老品牌来做，很有可能互联网模式做不好，传统模式还受到影响。虽然后来很多所谓的互联网品牌都失败了，但是一个子品牌失败，不至于会影响老品牌的根基。

手机厂商还有一种同一品牌、树立不同标签的策略，就是采用产品系列。在一个品牌下，根据不同的用户群体，划分不同的产品系列，在促销的同时沉淀为产品系列品牌。为不同的产品系列树立不同的标签，也是一种不错的“老树新芽”办法。

比如在华为品牌下，已经形成了定位商务的 Mate 系列品牌，定位时尚的 P 系列品牌，定位年轻、潮流的 nova 系列品牌，以及定位高端精英的保时捷设计品牌。可以说，华为的这种策略还是非常成功的，不同的产品系列，可以有完全不同的传播策略。例如，华为的 nova 系列就在 2018 年请了易烊千玺担任代言人，加上产品的青春化设计，让华为这个不怎么年轻的品牌很好地吸引了年轻人，nova 3 系列手机获得了空前的成功，推出一个月就实现了国内发货量 200 万部的好成绩。

同样，OPPO 也是类似的策略。旗下有定位高端旗舰的 Find 系列品牌，定位年轻人的 R 系列品牌，以及定位高性价比的 A 系列品牌。在 2018 年，还专门针对印度市场推了一个定位低端的 Realme 品牌。

“老树新芽”是一种策略，不是试图去直接撕掉负面的标签，而是孵化、树立一个新的标签，让新的标签在声量上盖过老标签。就好像新芽茁壮成长，变成参天大树，这时候，谁还记得那棵老树？

### 3. 半杯水的智慧

当你的品牌被贴上负面标签的时候，这种所谓的负面得分情况看待。就像是一个杯子，盛了半杯水，你可以说它是半满，也可以说是半空，两种说法都正确，关键取决于你看问题的角度。

既然这样，同一个事实，如果你看待的角度不同，带来的结果也是截然不同的，最后你贴上的标签也是截然不同的。

2013 年 6 月 18 日，市场突然传出消息，由于不满京东售价太低扰乱商品价格体系，华硕暂停向京东供货，这将供应商与电商平台的矛盾公开化，引发业界和消费者的高度关注。这时候，很多媒体给京东贴上的标签是“对供应商霸道”。

看起来，这是京东的负面新闻和危机。但实际上，同一个问题需要看从什么角度来看，从行业的层面看，的确算得上是危机。但是从消费者的角度来看，这反而是一个正面消息，因为这反而能显示出京东的产品价格很便宜，价格都低得招致供应商抗议了。

彼时，媒体报道称：“京东公关部相关负责人回应，华硕暂时停止供货，是因为华硕笔记本在京东出售价格太低，引发华硕不满。对于接下来的解决方法等，京东方面未多谈，只说过去一直关系不错，双方正在谈判，具体办法正在协商之中。”

一个本来是负面的危机，结果却客观上变成了京东展示自己价格实惠的机会，“对供应商霸道”的标签让位于“低价”的标签，这就是半杯水的智慧。

同样，京东在很长时间里遇到的最大危机是亏损问题，被贴上了“亏损王”的标签。亏损也是半杯水，可以说成是商业模式太重，需要投入大量资金，有可能导致资金链断裂，是负面标签。但是，换个角度来看，这种模式能够给用户带来更好的体验，例如自建物流可以更快地将用户购买的商品送达，反倒是京东的核心竞争力。“亏损王”的标签，也可以变成“用户体验好”的新标签。

2018 年 9 月，马云在接受央视专访的时候，也透露出半杯水的智慧。记者问：“现在国内外经济形势面临诸多不确定因素，您如何看待这样的形势？”这也是当下中国公众所焦虑的问题，我们看看马云是如何回答的。

一切都顺顺利利，就不会有企业家，优秀的企业、企业家都经历过，甚至诞生于困难时刻。

所有了不起的企业都是历经经济周期性灾难造就的，只有经历过这种灾难的企业，才是真正了不起的企业，没有经历过灾难的企业，即使你今天做得很大，也未必能够赢在未来。

“东方不亮西方亮”，我去了许多国家和地区，发现机会无处不在。

中国也在进一步推进改革开放，进一步优化营商环境。我们会正视困难，而解决方案也在我们自己身上，关键是把我们自己的事情做好。

阿里成长到现在，也遇到过许多批评指责。不少批评是中肯的，但是有的指责则是恶意的。船大了，风就来了，我们“借假修真”，修出自己的真材实料。就拿我的脾气来说，过去一点就爆，现在也好多了。

看看，别人从不确定性中看到的是焦虑、悲观，而马云看到的是机会，这就是看待同一问题的不同角度。

半杯水的智慧，同样让我们重新思考危机。“危机”这个汉字我觉得是博大精深的，可以拆分成为“危”和“机”，危机看从什么角度看，有时候，危机反而意味着是机会。

电影《白银帝国》中，“天成元”天津分号，因康家老四夫人被绑架，而陷入民众蜂拥挤兑的危机。“疾风知劲草，烈火见真金”，为人正直更兼经营天才的北京分号戴掌柜与康三爷临危受命，支撑大局。戴掌柜说了一句很有深意的话：“危机就是危中有机，危机处理得好，可以获得平时很难得到的声誉。”事实正是如此，“天成元”平安渡过危机后，声誉更胜往昔。

是的，有危机的时候，你处于万众瞩目的中心，应对得好，将能获得加分，不仅品牌声誉不会受损，反而会得到提升。

2017 年 8 月，海底捞出现危机，媒体曝光了海底捞一些不卫生的后厨操作。对于一个餐饮企业来说，食品安全问题是一个很严重的问题，海底捞的品牌形象面临崩塌的危机。

事件曝光后，海底捞的公关处理速度快得让人反应不过来。在危机爆发后大约 4 个小时内，海底捞就发布了道歉声明，在发布声明后不到 3 个小时就告知于众，其确定的处理方案。完全抓住了危机公关管理的“黄金时间”，控制了舆情的漫延趋势，也把控了舆论的话语权。

在态度上，海底捞的声明也堪称是危机管理的教科书。有人将海底捞的反应归纳为三个词“这锅我背”“这错我改”“员工我养”。尤其是声明中的一段话受到网友特别地赞誉：“涉事停业的两家门店的干部和职工无须恐慌，你们只需要按照制度要求进行整改并承担相应的责任。该类事件的发生，更多是公司深层的管理问题，主要责任由公司董事会承担。”

于是，上午海底捞出现危机，下午海底捞就实现逆袭，赢得了喝彩声，品牌声誉反而获得了加分。

什么是品牌？我认为是一个企业平时一言一行的积累，是企业价值观的反映，是企业的德行。就像人一样，人的品牌是什么？是人品，是你平时一言一行的积累。如果你的品牌好，出了危机将变成你抵御负面新闻的“棉袄”，如果危机管理得当，品牌还会加分。反之，你将是大风大浪中的“裸泳者”。

### 4. 把水搅浑

接下来，我们说另一种撕标签的方式，就是“把水搅浑”。

很多时候，尤其是在互联网行业，底线比较低，你的品牌之所以被贴上了负面的标签，与竞争对手的黑公关脱不了干系。这种时候，如果你有明确的证据，可以将对手的黑公关证据公之于众。一旦你让公众知道这些负面新闻是黑公关所为，这些负面标签将变成空穴来风，也就不再构成威胁。

在这里，还要再次说说毛巾哥与网易严选的冲突，在这个冲突里面，不得不说网易严选就是用“把水搅浑”成功地将自己负面的标签撕掉。在声明中，指出了朱志军曾经也抄袭过别人的作品，他的话不可信。

为什么把水搅浑有时候很管用？是因为在这样一个信息大爆炸的时代，大多数人抱着看热闹的心态，并不关心细枝末节。

把水搅浑，还有一招就是转移法，互联网时代，热点切换特别快，当一个更能吸引人的热点爆出来的时候，以前的热点就会失去关注度。所以，对于品牌来说，要想摆脱网友对自己负面信息的关注度，就要有更高热度的事件来分散注意力。

## 5. 更名改姓

还记得我们之前讲的“顾名思义”吗？一个公司或者品牌的名字，是最大，也是最直观的标签。所以，如果想更彻底地撕掉某个标签，告别过去，就更名改姓。

2018 年 6 月，滴滴专车改名为“礼橙专车”，Logo 也进行了更换。对于新品牌的名字含义，滴滴负责人是这样解释的：“礼”指的是专车的服务核心就是要给用户更好的礼遇，而“橙”与滴滴的橘子形象同属水果类，传递了健康和有活力的品牌形象。此外，“礼橙”谐音“里程”，寓意“礼遇每一段里程”。

新的 Logo 也有含义。圆形代表每一段从出发地到目的地的完整旅程，颜色则沿用了母品牌的橙色，代表对滴滴出行愿景的延续。“领结”代表专车的服务基因，用专业的态度，提供专属的服务。Logo 整体是一个礼貌、亲切的服务者形象，它代表品牌的美好愿景，用专业、贴心的服务，礼遇你的每一次行程。

为什么滴滴专车要改名为“礼橙专车”呢？因为要撕掉滴滴的标签，和滴滴进行一个切割，提升自己高端专车的品牌形象。

值得注意的是，改名只是第一步，还需要有实质性的行动，才能彰显新标签的分量。在“礼橙专车”新名上线后，在服务上也进行了升级。不但成立了独立客服热线，提供24小时中/英文服务，还为用户提供了更多个性化的服务，比如提供一次性雨衣、空气净化器、按摩椅等。而宝贝专车、导盲犬专车等公益属性的服务也将陆续上线。

2018年9月，哈罗单车改名为“哈啰出行”，本质上是撕掉“共享单车平台”的标签，贴上“一站式出行平台”的标签。这个背后有哈罗单车股东阿里巴巴的战略考虑。出行是用户生活的一个重要场景入口，哈罗单车虽然在共享单车行业入局较晚，但借助创新的技术和精细化的运营，后来居上，成为与摩拜、ofo并列的三强之一。为了更进一步构建自己的竞争壁垒，哈罗单车决定从两轮的共享单车扩展到四轮的网约车平台，接入了首汽约车、嘀嗒出行、高德地图等出行服务商，还和上海申通地铁集团联合进行地铁和单车一体化出行的探索。

因为哈罗单车的Logo是单车的图案，所以哈啰出行也启用了新的Logo。按照官方的解释，新Logo取自品牌名称首字母H，代表智慧科技、出行道路、人车路的连接。同时，线条感、镂空设计、饱和度略微调高的清爽蓝色，代表哈啰倡导“轻松出行”的生活理念。整体恰到好处的6度倾斜，一定程度上体现了哈啰进取、创新的精神。

值得注意的是，品牌改名，也有一个“度”的问题。新名字和老名字的距离有多远，也需要斟酌。滴滴专车改名“礼橙专车”，距离就很大，只是在Logo的色系上沿用了橙色，其他基本都变了。哈罗单车改名“哈啰出行”，改了三个字，保留了一个“哈”，还将“罗”改成了同音不同字的“啰”。按照当时的官方解释，“啰”字多了一个“口”，寓意着哈啰后期将采取更多措施与公众沟通交流，成为每天陪伴大家出行的、富有亲和力的邻家品牌。

另外一个改动幅度大的案例是京东金融。2018 年 9 月，京东金融改名为“京东数科”，本质上是希望撕掉“金融公司”的标签，贴上“科技公司”的新标签。事实上，京东金融在一年前就启动了转型，从一家“to C”的金融服务公司，转型成为一家“to B”的金融科技公司。后来更进一步，演变为一个科技服务公司。

有意思的是改名的操作方式。京东金融改名“京东数科”，是首先从新媒体的账号名字开始，从小及大，引发媒体的关注并报道。滴滴改名“礼橙专车”，哈罗单车改名“哈啰出行”，都是通过召开发布会的方式公之于众的。

当然，改名也可以用更有创意的传播方式来做，将改名变成一次事件营销，以迅速占据人们的心智。

还记得我们前面说的用户思维吗？更名改姓，并不仅仅是企业自己的事情，如果能让用户加入进来，一起策划、一起传播，就再好不过了。在上述京东金融改名京东数科的过程中，京东金融就发起了一个有奖征集活动，面向广大网友悬赏 120 万元奖金，征集新广告语和新 Logo。实际上，最终的结果不一定重要，关键是过程，当网友参与到新广告语和新 Logo 的设计过程中时，京东金融的目的就达到了。

2014 年 10 月 28 日，淘宝旅行更名为“去啊”，为了让新的名字迅速被人们所知，去啊发了一个海报喊话竞争对手去哪儿网：“去哪里不重要，重要的是去啊。”由此，爆发了一场海报大战。

“去啊”和“去哪儿”，无论在字还是音上，都很相近。所以“去哪儿”第一个出战：“人生的行动不只是鲁莽地‘去啊’，沉着冷静地选择‘去哪儿’，才是一种成熟的态度！”携程跟进，在海报上说：“旅行的意义不在于‘去哪儿’，也不应该只是一句敷衍的‘去啊’，旅行就是要与对的人携手同行，共享一段精彩的旅程。”京东旅行、途家、爱旅行、同程旅游、春秋旅游等在线旅行公司随后纷纷加入这场海报大战之中。

可以看到，这种冲突卡位将淘宝旅行更名的行为，变成了一个在线旅游行业的狂欢。最终，最大的受益者是去啊，它用很短的时间，借力打力，让人们记住了它新的名字“去啊”。

说到改名，西贝就更频繁了，14 年间换了 4 个名字，每一次更名都是希望改变自己的标签。第一次改名，是从“西贝莜面村”改成“西贝西北民间菜”，更名的原因是“莜”字有很多人不认识，老是念错，改成“西贝西北民间菜”，是为了突显“90%的原料来自西北的乡野和草原”的新标签。

第二次改名，是从“西贝西北民间菜”改为“西贝西北菜”，主要的原因是之前的标签把自己限制得太死，实际运营中很难做到90%的原料都来自西北的乡野和草原（所以在贴标签或者提出口号的时候，千万不要说得太极端）。

第三次改名，是从“西贝西北菜”改为“西贝中国烹羊专家”，其口号也更改为“做羊肉的专家”。更名的原因是希望突出“羊肉专家”这个标签。一方面，西贝确实在羊肉烹饪上有非常大的优势；另一方面，这个标签比较有独特性，中国还没有一家是以羊肉来安身立命的餐饮企业。

第四次改名，是从“西贝中国烹羊专家”改名为“西贝莜面村”，等于是回到了最开始的名字。更名的原因，是因为觉得“莜面”是比较特殊的单品，既独特，又比较健康，西贝希望用“莜面”来占据一个新的品类。为了解决最早弃用“莜面”时人们读错字的问题，“西贝莜面村”在推广的时候，还专门发明了一个口号，将“莜”的谐音用成“YOU”，取“I Love You”之意，而且加上了拼音标注。

### 6. 画眉毛的故事

总结一下，撕标签的方法大体上分为扩展之矢、老树新芽、半杯水的智慧、把水搅浑、更名改姓等方法，需要具体情况具体分析，才能对症下药，顺利实现标签的转换。

易中天讲过一个画眉毛的故事，很有意思，让我们通过这个故事也思考一下撕标签的几种方法。

西汉时候，官居京兆尹的张敞遇到了麻烦，有人向皇帝告了一状，说张敞“给老婆画眉毛，而且画得很妩媚”。张敞本来为官清廉，行得正、坐得端，没想到被这一状贴上了“为人轻浮”的标签。

如果你是张敞，你应该怎么撕掉这个标签呢？我们不妨套用上面说的招数，来一个模拟演练。

- 扩展之矢：你说我给老婆画眉毛，对，没错，我是给老婆画眉毛了，但是现在大部分大臣都在家给老婆画过眉毛！（言外之意，画眉毛很常见的事情。）
- 老树新芽：根本不去管画眉毛这个事情，而是动用宣传机器，大谈自己如何正直，如何秉公办案，最好将一件京城人人关心的案子告破，这样就能树立起“断案入神”的新标签，这时候还有人关心“画眉毛”这样的小事吗？
- 半杯水的智慧：对，我是给老婆画眉毛了，但是给老婆画眉毛有错吗？这恰恰说明我疼老婆，关心爱人，这不是恰好顺应皇上对于和谐家庭的号召吗？
- 把水搅浑：秘密调查，发现告状的人别有用心，是为了一己私利陷害忠臣，派人将这个小人揪出来，然后曝光其险恶用心。

这些办法，看似各有千秋，但又不尽完美，那么，在实际中，张敞是如何做的呢？

据《汉书·张敞传》，他是这样回答汉宣帝：“臣听说，闺房之内夫妻之间，还有比画眉毛更过分的。”

怎么样，是不是很妙？张敞的应对，是糅合了扩展之矢与把水搅浑：你说我给老婆画眉毛，这有什么稀奇的，别人和老婆做的事情，可比这个还过分。

将“给老婆画眉毛”这件事情扩展到所有大臣，而且还有更加严重的，但细想又令人感到忍俊不禁，觉得在情理之中。于是，危机就大事化小、小事化了，负面的标签就轻松撕掉了。

这个画眉毛的故事提示我们，方法是死的，人是活的，不能拘泥于方法，而要将方法融会贯通，在实践中根据舆论和危机的特点来巧学巧用，只有这样，才能轻松撕掉自己的负面标签。

# 12

# 化危为机：

## 5S 原则与危机处理三策

前面，我们花了大量的篇幅来讲述如何贴标签，大部分都是正面标签的传播。但是，在传播中不会总是风平浪静，很多时候，我们会面临风吹雨打，甚至巨浪滔天。

这就是危机，在当今的社交媒体环境下，危机形势变得无比复杂，这就要求每一个企业或者品牌有高超的危机处理水平。

可以这样说，危机处理是为你在用户心智中的超级标签保驾护航的关键所在，如果只会正面传播，而忽视危机处理，你将要付出惨重的代价。

我认为，危机处理最重要的是五点，因为这五点都可以归纳为一个首字母为 S 的英文单词，所以，我将其称为“5S 原则”，接下来，我将结合实战案例进行详细阐述。

### 1. 系统（System）原则

当危机袭来，你肯定希望能有一个奇招，然后问题迎刃而解。

但是，我要给你泼一盆冷水，告诉你：不要再抱幻想了，这世界上根本就没有奇招，根本不可能“临时抱佛脚”。要想危机袭来时应对自如，就要平时下功夫，学会系统地解决问题。

这个“系统”起码有三点非常重要。其一，统一对外发声。即整个公司只能有一个对外发声的窗口。其实，不仅仅是在危机的时候需要这样，平时也需要这样，只是因为危机时显得更加重要而已。如果处于危机时，谁都可以对外发声，很有可能会因为策略不一致、信息不统一而让你的危机恶化。

注意，这个统一对外发声，不仅指企业内部，更包括企业的利益相关体。例如，对于创业企业来说，需要注意的是谨防投资人自己擅自代替企业对外发声。

其二，系统的危机预案。功夫在平时，实际上，绝大多数的危机都是能够预测的。所以，为了避免危机来袭时的手忙脚乱，就需要制定系统的危机预案。在这个危机预案中，很重要的部分就是预测可能的危机，然后提前准备好相应的回应内容、应对策略。想象一下，如果你手头有一个这样的内容库，包含了可能的危机以及相应的回应，手里有粮，你还会慌吗？

同样，一个企业面临危机的时候，最应该做的是大事化小、小事化了，最忌讳的是火上浇油。所以，危机发生时，就要尽可能地梳理可能存在的危机火苗，然后将其扼杀在摇篮之中，以防新的危机发生。

其三，系统的危机体系。作为一个成熟的公司，必须要有危机处理的体系。具体来说，就是一个小组（危机处理小组），一个分级（危机处理等级）。需要设置跨部门的危机处理小组，将可能的人员纳入其中，尤其是有决策权的人员。现在微信群非常方便，所以你的公司群里，需要有一个危机处理小组的群。危机处理等级，指的是需要将危机分为不同的等级，有的公司是按照 A、B、C 来分级，有的是按照蓝、黄、橙、红四种颜色来分级。根据不同的危机等级，来决定投入的人员级别和重视的程度。

这样的危机处理体系是非常重要的，不仅是针对公关战，对于公司日常的危机处理也非常有意义。有了这套危机处理体系，就能在遇到危机的时候临危不乱，根据情况进行处理即可。

所谓系统的思维，是要站在未来看现在，站在系统看局部。拉长整个时间段来看，你就知道哪些时间点是危机的关键节点，哪些时间点是危机的非关键节点，从而采取不同的应对措施。站在系统的角度来看，你就知道哪些利益相关体是重要的或者高危的，哪些利益相关体是不重要的或者不危险的，从而采取不同的应对措施。

小结一下，系统（System）的原则，就是统一对外发声，系统的危机预案，系统的危机分级，用系统的思维应对危机，将工作放在平时的积累上。

### 2. 态度（Sincerity）原则

俗话说，态度决定一切。在危机袭来时，其实并不可怕，可怕的是你的应对不正确。而应对的总纲，就是要有正确的态度。

这个“态度”，有两点需要注意。其一，态度一定要真诚。企业处于危机漩涡中时，是公众和媒体的焦点，一举一动都将接受质疑，因此千万不要有侥幸心理，不要企图蒙混过关。有危机，就有受害者，就需要面对受害者，无论你心中有多大的委屈，你的官方都需要有真诚的态度。

在这方面，支付宝解决“圈子”的危机就显得特别真诚。

2016 年 11 月 24 日，支付宝发布了新版本，并悄悄上线了一个叫“圈子”的新功能，有不少用户上传了大尺度照片，照片出现在“白领日记”和“校园日记”两个圈子中，一时之间火爆全国。这两个圈子，仅限女大学生和女白领用户发布状态，男性用户只能点赞或打赏，如果想评论，那么芝麻信用分必须达到 750 分以上。

对于支付宝“校园日记”等圈子引发的争议，支付宝母公司蚂蚁金服董事长彭蕾于 11 月 28 日发布了内部信予以回应，并解散相关功能。这封内部信的题目叫作《错了就是错了》，通篇内容态度诚恳。在这里节选一些内容。

“过去的这两天，是我到支付宝七年以来，最难过的时刻。

我们经历过许多困难的时刻，但从没有任何一件事，如这次一样如此深地刺痛我。

在此我向所有热爱阿里，热爱支付宝，一直坚信并践行阿里价值观的同事道歉！向所有信任且陪伴支付宝的用户、合作伙伴道歉！”

值得注意的是，这里说的“态度”不仅仅是指真诚，更高的境界是显示自己的性格。可以这样说，当危机来袭的时候，并不一定都是坏事。“危机”，仔细看看这个词，就知道中国文字博大精深，含义深远。“危机”实际上是由“危”和“机”两个字组成，这代表着“危险”中其实蕴含着“机会”。我认为，最好的危机是进攻，而非防御，因为危机时你的公司万众瞩目，如果应对得当，将能化危为机，赢得主动，赢得树立正面标签的好时机。

2016 年 4 月 17 日上午，一位顺丰的快递小哥驾驶电动三轮车运送快递，与一辆黑色轿车发生剐蹭。黑色轿车驾驶员下车后与快递员发生冲突。这个场景被围观者用手机拍下并发到互联网上，引起了社会对快递小哥“尊严”的广泛讨论。

当晚，在微信朋友圈和微博上，一张顺丰集团老板王卫的个人朋友圈信息截图被曝光，上面写道：

“我王卫向着所有的朋友声明！如果我这事不追究到底！我不再配做顺丰总裁！”

随后，顺丰集团也表示：对于此次暴力事件非常震惊，并已指派集团高层跟进处理后续事宜。目前已向警方报案，并安排小哥进行伤情鉴定。

顺丰的王卫以前一直是神秘的形象，外界的印象比较模糊，但是这次快递小哥被打后，王卫“激情”现身，树立起“霸道总裁”的暖人标签，这种态度可圈可点！

其二，这个真诚面向的对象需要注意，是公众，尤其是受到伤害的公众。换句话说，你的态度真诚不要搞错了对象，公众一定是第一受众，而不是其他人群。

2017 年年底，某幼儿园被爆出虐童事件。社会舆论瞬间爆炸。面对这样的危机，该公司负责人没有及时面向家长和公众进行回应，而是通过投资者电话会议，对此事进行回应。回应虽然真诚，但是回应的对象错了——是投资者而非公众。这样带来的结果是显而易见的，公众会认为，这种真诚不是真的认错，而是担心股价崩盘，是为了安抚投资者。

同样，在 2017 年震惊全球的美联航暴力赶客危机中，也是将态度用错了地方。2017 年 4 月 10 日，美联航一名亚裔乘客在芝加哥机场的航班上因“超售”问题被强行从座位上拖曳的视频，在网络上持续发酵，引发网友大规模的口诛笔伐。

对此，美联航官方发布了一份简短声明，但只提到对于“重新安置的乘客”的道歉，并没有对于这位受伤的亚裔男子的道歉。最糟糕的是，美联航 CEO 为了安抚自己的员工，发了一个内部邮件，力挺事件中的美联航工作人员。他说“我强烈支持你们所有人，我希望你们继续飞行，保证正确执行飞行任务。”同时他指责被拖下飞机的乘客具有攻击性。邮件传出后进一步加深了公众对美联航的愤怒。

美联航 CEO 的态度很真诚，但却是对自己的员工真诚，而被暴力拉下飞机的亚裔乘客却被他指责。难道美联航 CEO 还认为内部邮件只能内部的人看到吗？太幼稚了！在互联网时代，人人都是记者，内部邮件几乎瞬间就会传遍整个网络，你挺了自己的同事，失去的是整个客户群体的心。

当然，当时我在评论美联航危机时提到一个观点，如果一个公司骨子里烂掉了，价值观坏掉了，任何好的危机公关都没有用！

美联航的两个价值观严重坏掉了，一个是自己是“大爷”，客户是“孙子”的价值观。机票超售了，谁优先留下来？美联航没有实践绝大多数公司所标榜的客户是上帝、客户优先的价值观，而是大喊：我的员工必须周一到达 Louisville，进行其他飞行。就这样的价值观，传递出我比顾客更重要的信息，哪个客户以后还敢坐美联航？

另一个是种族歧视的价值观。为什么受害的是一个亚裔乘客？极为可能是种族歧视在作怪，不管是潜在的种族歧视观念，还是明面上的种族歧视作为。

值得注意的是，在互联网时代，传播有一个显著的特点，那就是不再仅仅是通过媒体作为中介进行传播，而是可以直接通过互联网向公众进行传播。当危机袭来时，如果品牌还是停留在以前的思维之中，只对媒体回应、发声，而不通过自己的官方微博、官方微信公众号等自媒体平台回应，也会被认为是诚意不足、态度有问题。

所以，所谓态度原则，就是对外的回应一定不能是冷冰冰的企业通告，而是有人味的表达，这个人味是真诚的，是有性格的。而且这个态度是针对公众，针对受害者，而不是针对其他群体的表达。

### 3. 速度（Speed）原则

所谓“好事不出门，坏事传千里”，在实时传播的互联网时代更是如此，所以企业控制危机一定要争取在最短的时间内，用最快的速度控制事态的发展，并第一时间向公众公开信息，以消除疑虑。

2017 年 10 月 9 日，演员韩雪向某旅游平台开炮，痛诉其捆绑销售，该平台并未立刻回复。事件发酵了近 24 小时，网上的讨伐言论愈演愈烈，直到 10 月 10 日晚间，该平台才针对此事件做出了回应，导致事件失控。

很多时候，速度就意味着真诚的态度，如果你迟迟不回复，本身就说明你的漠不关心。可以说，你晚回复一小时，公众对你的意见和攻击就多了一层。

或许，你会说，我看到这样的危机，根本不了解具体情况，如何回应？我需要调查，需要了解，这都需要时间。其实，这是一个很大的误解，面对危机，企业的回应不仅仅是一个，可以有很多个，第一个回应并不要求一定能给出彻底详尽的调查结果，而是先表达关切，先有开始调查的态度。这个时候，速度是最重要的。

相比起来，海底捞在 2017 年遇到食品安全危机的回应就堪称经典。事件爆发 4 小时后，海底捞就发表了致歉信，紧接着又发布了 7 条处理通报。同时，海底捞也迅速进行了整改处理，还公布了一系列整改措施和具体负责人的详细信息，解决了消费者无法监督的疑虑。

2016 年 4 月，一名女子在微博发信息称，自己在北京一家酒店遭受陌生男子劫持。

该酒店什么时候发表了第一份声明呢？近 24 小时之后！这在传播如此快速的互联网时代，实在是难以想象。

在事发 60 个小时后，该酒店举办了一场发布会来解释这场事件。但令人失望的是，发布会让在场记者等待了近 5 个小时，结果以 5 分钟时间草草结束，而且发布会没有设置提问环节。可以说，这场发布会除了得罪各位媒体，让公众的怒火越来越大之外，毫无用处。

在这里提醒企业，如果没有准备好，千万不要贸然开发布会。既然在发布会上只是宣读声明，没有提问环节，何不直接在官方微博上发布声明？省得劳师动众，结果适得其反。

说到这个危机，还同样违反了系统原则。在危机发酵几天后，涉事酒店的一名经理在接受媒体记者采访时表示，对于女客人在其酒店遇袭事件，认为是炒作。在这种敏感时刻，居然有酒店工作人员在媒体面前这样说，看来该酒店的危机管理体系多么令人担忧。

因此，无论从速度原则，还是态度原则，或是系统原则来看，该酒店在危机中的表现都堪称不及格，错过了很多扭转局势的机会。

### 4. 解决方案（Solution）原则

所谓解决方案（Solution）原则，就是当危机袭来时，一定要抓住问题的核心，回应这个核心问题，而且要解决问题，给出实质性的解决措施、改进措施。

这里包含两层意思，第一是要分清什么是核心问题，什么是次要问题，要抓大放小，只要捏住了“牛鼻子”，危机自然会走上化解的正常轨道；第二是不能只是有真诚的态度，而是行胜于言，一定要有实质性的改进措施。

同样，我要再次举一下海底捞食品危机的例子。这个危机的核心是什么？是“卫生隐患”。海底捞抓住了问题的核心，承诺立即进行调查。值得注意的是，海底捞第一篇声明，不仅承认问题属实、致歉，而且举一反三，组织所有门店立即排查、避免类似情况发生，还给出了详细的处理结果以及查询方式。

有媒体去海底捞的官方网站翻了翻，发现在此前，海底捞的一些门店就出过卫生问题，而且海底捞对外进行了处理结果的公布。虽然这会让人觉得海底捞问题很多，但是，海底捞这种公开透明的态度却赢得了赞誉。

在第二篇声明中，海底捞不仅给出了具体的措施，而且对每一项措施都指定了具体的责任人，让公众看到了满满的诚意。

同样，在我们之前讲过的支付宝“圈子”危机中，彭蕾的内部信件《错了就是错了》，就是抓住了公众抨击支付宝的核心：在所谓的“用户活跃度”面前可以不择手段。她对支付宝的反思不仅仅停留在这个事件上，而是上升到了价值观。

最后，给出了具体措施，“所有打擦边球嫌疑的圈子立刻解散。恶意发布突破底线图片的用户永久封号并永久不能注册。团队内部讨论整顿。想清楚并写下来，我们要什么不要什么，严格执行。请大家继续鞭笞。”于是，支付宝的这个危机烟消云散，还强化了“支付宝，知托付”的标签。

其实，很多时候企业也知道核心问题在哪里，那么为什么还要顾左右而言他呢？除了价值观问题，企业很多时候希望的是蒙混过关，不触及问题的实质。因为核心问题的解决，往往意味着公司要付出比较大的代价，甚至很多时候这个问题是自己的商业模式绕不开的症结。

我建议企业或品牌在危机袭来的时候，要有换位思考的精神。一旦你将自己换位成为受害者，换位成为公众，你应该如何做，其实就不言自明了。

## 5. 两个战场（Sided）原则

当危机袭来的时候，要注意，危机的处理是两个战场，一个是官方的战场，一个是第三方的战场。一个在明，一个在暗，都承担着重要的角色，缺一不可。

官方的战场，表达的是官方的态度，第三方的战场，则是适当的舆论引导。很多企业，尤其是传统企业，往往知道官方这个战场，但是却忽略了第三方的战场。殊不知，在危机发生的时候，这个看不见的战场往往扮演着关键角色，因为第三方的舆论引导非常重要。无论是媒体，还是各种专家、分析师，他们的角色都能起到很强的盟友作用。而危机发生时，官方处于风口浪尖，有很多内容不好直接发声，这时候就要通过第三方这个在暗的战场来进行传递。

麦当劳在 2012 年 3 • 15 晚会上被曝光后就处理得很好。2012 年 3 • 15 晚会上，麦当劳被曝光一些食品在制作和售卖过程中出现多种违规问题。

央视暗访视频公布后，麦当劳在一小时后发布声明认错并向消费者致歉。在第二天，麦当劳中国又发布第二封声明表示，对于 3·15 晚会所报道的北京麦当劳三里屯餐厅不遵循麦当劳营运标准，违规操作的情况，有悖麦当劳营运标准的情况，是完全不能被接受的，将即刻对该店进行调查，并严肃处理。同时将以此为戒，深化管理，切实保证营运标准在各个餐厅的严格执行，杜绝此类事件的再次发生，以实际行动维护消费者利益。

官方回应没什么问题，值得玩味的是第三方的战场。3·15 晚会曝光麦当劳之后，在互联网上竟然是一边倒地支持麦当劳。网络上不少消费者认为麦当劳此次事件听起来像是软广告，没有使用不良原料，不用地沟油。微博上一项名为“央视 3·15 晚会，麦当劳被曝光了，你还吃吗”的调查显示，在参与投票的消费者中，有多数表示会继续在麦当劳消费。

这个第三方的战场不一定有麦当劳在背后引导，但是无论如何，麦当劳在这次 3·15 晚会曝光的危机中都轻松过关了。在舆论中，也形成了截然不同的两个世界，一个是主流的传统媒体世界，一个是互联网的网民舆论世界。麦当劳靠态度、速度等原则成功地赢得了传统媒体世界的谅解。而网友的“力挺”，则让麦当劳在互联网的网民舆论世界中成为“英雄”，这个对比值得深思。

需要注意，第三方战场的舆论引导，一定要有技巧，基本原则就是要规避官方的刻意为之，否则就会适得其反。

所以，小结一下，所谓两个战场，是危机处理时需要在官方回应的同时，开启第三方的战场，利用媒体、自媒体、专家等第三方权威人士进行发声，传递官方所不能传递的信息。

## 6. 危机处理三策

最后，我来讲一下危机处理的三策。

我认为，危机处理的时候，从立场上来说，企业可以有三种对策：防守、蛰伏和进攻。这三种对策是从积极程度来说的，积极程度依次是递增的关系。

所谓防守，可以总结为“诚恳道歉，给出解决方案”，既然自己错了，那就第一时间（速度原则）诚恳道歉（态度原则），然后给出解决方案（解决方案原则）。

所谓蛰伏，就是鸵鸟战术，就是装死。有的问题很敏感，多说无益，不如不说，沉默是金，在这个信息爆炸、人人健忘的时代，将头埋到沙子里做鸵鸟也是一种良策。

所谓进攻，不仅要救火，还要将火烧起来，将火烧到对方的后院。如果你的危机有难言之隐，自己又有充足的理由，可以采取进攻的策略。注意，这种进攻策略，很多时候是需要第三方战场多发挥作用，而官方需要隐藏起来。

三种对策，到底应该用哪种，没有固定的方法，需要具体情况具体分析。

我们以一个例子来具体阐释。2017 年国庆节，一篇文章抨击某旅游平台的“恶”，主要有预订时默认加入酒店、专车优惠券费用，并且难以取消。还有预订高铁、火车票时默认开通 VIP 优先出票功能（即使在票量充足的情况下）。

很多人转发、点赞、吐槽。这时候，对于该平台来说，意味着一场很严重的危机。

任何一个危机的爆发，也是天时、地利、人和共同作用的结果。

因为，国庆长假，人们对所有旅游、出行的新闻和信息都无比关心，此为该平台危机爆发的“天时”。后来，我才得知，这篇文章不过是几个月前的一篇旧文，但是在国庆长假这个时候发出来，就比其他任何时候引爆的效果更大。

因为，每到长假，都是朋友圈“摄影大赛”的时刻。有人甚至说，人们出去玩，不是为了去玩，而是为了“晒朋友圈”，是社交压力的变相，所以此次危机的引爆，朋友圈是“地利”。

当然激发的“人和”也很重要，因为很多人有过类似的经历，所以看到这篇文章，才会感同身受，产生声讨之势。

10 月 7 日下午，该平台通过其官方微信公众号，针对近日网上出现的公众号文章做出回应，称文章内容并不属实，“100 亿元”纯属造谣诽谤，没有任何事实依据，将保留追究这些公众号法律责任的权利。

这个声明没有解决问题的根本，因为文章虽然是四月的旧文，但是里面很多东西是真实存在的，而且很多人都遇到过类似的问题；里面很多东西都改正了，但类似的东西现在还有，很多人都是受害者。

如果用我们上面的危机处理三策来应对，应该如何做呢？

A 方案：防守，即诚恳道歉，提出解决方案。这个方案就是将任何负面当作好的建议，不管这篇文章是不是旧文，不管你是不是已经改正，不管作者是为了“蹭流量”还是有恶意。能成为热点，能被那么多人转发，都说明自己离达到用户满意的目标还有距离。这时候，任何好的企业都需要诚恳、虚心的态度，感激提出问题的人，承认不足，并给出实质性的改进措施。如此便可化危为机。

B 方案：蛰伏，即沉默是金，斗转星移。因为假期马上结束，等到上班，肯定有一大拨怀念假期、痛恨上班的段子会到来，这时候，谁还记得这篇文章？所以，“装死”（不发官方回应）或者发一个笼统的声明，也是一种对策。

C 方案：进攻，即发起反击。你可以说文章是营销大号为了阅读量，故意构陷，引导舆论，你是受害者；你可以说这是竞争对手在抹黑自己，你是受害者……每个套路都可以走下去，深入下去。但需要注意，官方这时候要回避，将“发言权”交给第三方。

最后，我们总结一下，当危机袭来，其实并不可怕，如果应对得当，不仅能过关，更能给自己的品牌加分，让自己在用户心智中的标签更加稳固。

危机处理的 5S 原则非常重要，再次总结一下。

系统（System）原则，一定要统一对外发声的渠道，功夫在平时，做好系统的危机预案、系统的危机分级。

态度（Sincerity）原则，对外的回应一定不能是冷冰冰的企业，而要有人味，这个人味是真诚的，是有性格的，而且这个态度是对公众，对受害者的，而不是其他人的。

速度（Speed）原则，企业一定要在第一时间对外发出回应，及时消除公众疑虑，而且要持续披露处理进展。

解决方案（Solution）原则，企业应对危机需要揪住问题的核心，不要顾左右而言他，而且要针对核心问题给出具体的实质性改进措施，才有可能化危为机。

两个战场（Sided）原则，危机处理时需要在官方回应的同时，开启第三方的战场，利用媒体、自媒体、专家等第三方权威人士进行发声，传递官方所不方便传递的信息。

在危机处理的对策上，我们讲了一个“危机处理三策”：防守（诚恳道歉，提出解决方案），蛰伏（沉默是金，斗转星移），进攻（主动进攻，强势反转），需要结合不同危机，具体情况具体分析，采取合适的对策。

最后，再次重申，出现危机不可怕，可怕的是应对策略的错误，只要你按照正确的方式应对，“危”可以变成“机”，防御也可以变成进攻，负面可以变成正面。

# 13

# B2B 传播之秘：四项基本原则

前面，我们讲了很多通用的传播法则。为什么要单独拿出一章来深入讲解一下 B2B 的传播之秘呢？就是因为 B2B 的传播有很多独特之处。

营销的三要素是用户、内容、场景，本质上是品牌将合适的内容通过合适的场景传播给合适的目标用户。为什么很多 B2B 企业觉得传播很难？因为从用户上来看，B2B 企业的传播受众通常是一个细分的垂直群体，他们是专业人群，这就要求传播时需要精准思维，用普通 B2C 的传播手段无法精准地实现覆盖。从内容上来看，B2B 企业的传播内容通常比较偏技术，和大众相距甚远，大多晦涩难懂。从场景上来看，B2B 企业的业务流程比较长，营销场景比较分散。

我将 B2B 企业的传播之道总结为四项基本原则：贴标签、树标杆、结同盟、B2B2C。接下来，我会一一详细进行剖析。

### 1. 贴标签

坦白地说，B2B 企业的“贴标签”方法和我们之前讲过的标签式传播的方法是类似的。但是需要指出的是，“贴标签”对于 B2B 企业的传播有更加重要的作用。

因为 B2B 企业的传播对象是企业，是专业人群，他们比 C 端的大众更加要求专业性，所以与其说是“贴标签”，不如说是“造概念”。B2B 企业传播的标签，更多的是一种新概念，它同样需要符合行业发展的大势、满足客户的需求，需要有自己的优势来支撑，需要和竞争对手的标签形成区隔。

在电商行业，电商看到了新的商机：帮助传统零售企业实现转型升级，所以他们纷纷强化了针对传统零售企业的 B2B 传播，掀起了一场标签大赛。

阿里巴巴提出了“新零售”的标签，京东提出了“无界零售”的标签，苏宁提出了“智慧零售”的标签，国美提出了“共享零售”的标签。腾讯也希望从中分得一杯羹，成为传统零售企业“数字化转型的助手”。

需要注意的是，在 B2B 领域，新标签或者新概念的提出，最好需要有严密的理论论证和推导逻辑，才能更加让人信服。例如，京东是如何推出“无界零售”的概念的呢？是通过京东集团创始人兼 CEO 刘强东的两次署名文章。

2017 年 7 月 10 日，刘强东以《零售的未来：第四次零售革命》为主题，在《财经》杂志发表了署名文章，描绘了未来零售的发展方向，首次提出零售基础设施概念，并指出零售的基础设施将变得极其可塑化、智能化和协同化，推动“无界零售”时代的到来，实现在成本、效率、体验三个零售本质属性上的升级。

2018 年 1 月 28 日，刘强东在《财经》杂志再次发表名为《再谈无界零售：场景无限、货物无边、人企无间》的署名文章，将无界零售的愿景描述为：场景无限、货物无边、人企无间。

需要注意的是，在第一次署名文章中，京东着重描述的标签是“第四次零售革命”，而第二次着重描述的标签是“无界零售”。显然，从传播的角度来说，“无界零售”要比“第四次零售革命”要好得多。因为“第四次零售革命”虽然听起来极具颠覆性，但是到底是什么样的愿景，能给用户带来什么，很难从字面意思上知晓，而“无界零售”则直接讲清楚了零售的未来，是打破各种边界。

建议大家找出这两篇文章深入读一下，可以看到京东“无界零售”标签的论证是非常严密的，层层递进的，最后得出结论无界零售是顺应用户需求变化和技术发展的趋势，代表着未来。

金蝶为自己的管理新世界提出的标签是“人人财务”，金蝶集团创始人徐少春在 2018 年 5 月举行的金蝶财务管理新世界启动会上表示，当下 80%重复性、基础性会计工作最终将会被人工智能替代，实现“无人会计”，但财务不会消亡，重要性反而更加凸显，60%～70%的核算会计将成长为业务财务。在财务与业务的围墙被打破后，徐少春指出“无人会计，人人财务”将会是企业财务管理的下一个方向，也是金蝶财务管理新世界的核心理念。

在“人人财务”的新理念下，金蝶云通过 A（人工智能）、B（区块链）、C（云计算）、D（大数据）四种新技术，让数据更加立体多维，创新了交互体验，驱动了财务变革，让人人都能拥有自己的流程信息、业务信息和财务信息，实现员工自我驱动，协助预判风险，让数据服务于人人，让人人成为自己的 CEO。

在近年来非常火爆的云计算市场，也能看到出色的标签式传播案例。例如，阿里云 2018 年的 Slogan 是“上云就上阿里云”，这是用自己卡位整个云品类的方式；天翼云则将标签定位在“安全”，提出的 Slogan 是“天翼云，安全云”，等等。

说到阿里云，不得不说其树立的另外一个标签：“去 IOE”。它在阿里云的崛起中起到了至关重要的作用。

2008 年，王坚从微软亚洲技术研究院空降阿里巴巴，担任首席架构师。这个在阿里巴巴内部被尊称为“博士”的首席架构师并非程序员出身，是一个不会写代码的架构师，但是正是这个不会写代码的首席架构师却提出了一个让阿里内部都震惊的概念：“去 IOE”，即在阿里的 IT 建设过程中，去除 IBM 小型机、Oracle 数据库及 EMC 存储设备。

之所以令内部震惊，是因为阿里巴巴当时 IT 基础架构基于最普遍使用的 IOE，技术人员多为学 IOE 架构出身，其中很多人本就是 IOE 跳槽而来的。但是，阿里巴巴坚持了下来，终于在 2013 年于公司内部完成了这个看似不可能完成的任务。

不得不说，“去 IOE”是一招妙棋，它顺应了设备采购国产化、自主研发的大潮流，也让阿里巴巴成为从 IOE 到自己的云计算（阿里云）的样板，对阿里云起到了最好的宣传推广作用。于是，在 2013 年“棱镜门”事件后，政府、金融行业等对 IOE 敏感的部门或企业开始走国产化采购路线时，阿里云成为最大的受益者。

具有标志性意义的事件是 2014 年 5 月中国气象局公共气象服务中心与阿里云达成战略合作，这是中国国家部委首次采用民营科技公司提供的云计算和大数据服务。2013 年 7 月，亚马逊击败 IBM，赢得美国中央情报局 6 亿美元云计算的合同，一度引发轰动。阿里云此次为中国气象局提供服务，同样也被视为中国云计算应用领域的标志性事件。

华为云的标签设定也比较独特。在公有云市场，华为云进入较晚，为了凸显自己的独特性，尤其是和那些领先的互联网公司形成区隔，华为云提出了“三不”的标签，即“上不做应用，下不碰数据，不做股权投资”。华为云树立的标签，并不是自己要成为什么、要做什么，而是不做什么，这种方式凸显了自己的态度，即恪守与客户合作的边界，有所为，有所不为，对于其赢得客户的信任起到了重要作用。

所以，对于 B2B 企业来说，贴标签比 B2C 企业有更加强烈的急迫性和重要性。这个标签往往代表着你对于整个行业未来走向的判断。正确的标签将凸显并持续强化你在行业的领袖地位，可以将竞争对手甩到身后。

## 2. 树标杆

树标杆是什么？通俗而言，就是案例传播。在 B2B 传播上，没有比案例传播更有效的方法了。案例传播的本质是树立标杆，对其他客户和潜在客户形成强烈的示范作用。如果说贴标签是造概念，是务虚，那么树标杆就是将概念具象化，是务实。

但是，长期以来 B2B 企业的案例传播却不尽人意，存在着三大问题。

问题之一：大多是“企业视角”，而不是“用户视角”，这让案例更像是在自言自语，是一种“自我陶醉”，总是说自己有多厉害，而不是讲能给客户带来什么价值。

问题之二：案例展现得干瘪乏味，大多是技术参数的列举，产品属性的枯燥陈述，没有将案例变成一个好看的故事。

问题之三：案例的形式太单一，基本上仍然采用文字的方式，而不像 B2C 企业在做传播时，有着丰富而好玩的形式。

三个问题，制约着 B2B 传播的效果，要想很好地树标杆，就要从以下三方面转变。

第一，变“企业视角”为“用户视角”，多讲用户的故事，用户是主角，而将自己的技术解决方案、自己的角色软性植入，太过于急迫地硬性植入自己，反而会起反作用。

第二，要将案例故事化。故事有什么特点？我认为比较重要的是细节、数字和冲突，细节才能让故事生动，数字能够引发读者关注，没有冲突的故事则波澜不惊、平淡无奇。

第三，要借鉴“to C 企业”的传播形式，除了文字，可以尝试图片、漫画，甚至是短视频。

阿里云的 12306 项目改造案例值得一提。以前的 12306 网站（中国铁路火车票网上订票的唯一官方网站），被很多网友吐槽，永远在你最需要的时候来一句：该网页无法打开。

2015 年 1 月 23 日，马云在参加瑞士达沃斯论坛时说：“最近我们有一些政府项目。每年春节，中国成千上万的农民工从城市回到家乡，他们返乡要购买火车票，政府的这套系统（指 12306 网站）5 年来每年都要崩溃。我告诉阿里巴巴的年轻人，去支援他们，不收一分钱。因为我不想看到农民工兄弟买不到火车票。这不是为了钱，不是为了政府，是为了那些农民工兄弟不用在雪夜等待买票，只需要通过手机、电脑就能顺畅购买。”

“不收 1 分钱”和 12306 网站改造前后的体验差异，成了阿里云最值钱的广告。这个案例的言外之意是：这么复杂的体系阿里云都可以保证平稳运行，其他客户还有啥可不放心的？你的业务再复杂，负载再大，大得过 12306 网站吗？

所以，这个例子在提醒广大的 B2B 企业，有的项目是可以不赚钱的，是可以当作战略项目、示范性项目来做的。当你不惜一切技术、资源投入到这个项目上时，它会成为你树立的标杆，成为你持续而永久的活广告。

阿里云的 12306 项目改造案例的文章也是从用户视角来写的。例如，有数字：

2018 年春运期间 12306 日均页面浏览量 556.7 亿人次，最高峰 1 月 12 日，一天之内涌入了 813.4 亿人次，余票查询服务 720 亿人次，当天发售车票 1029.7 万张。在 1 小时点击量方面，最高也达到了 59.3 亿人次，这意味着平均每秒就有 164.8 万人次在和你争夺这张车票。目前 12306 客户端整体运行十分平稳，并未出现卡顿、掉线等情况。怎么回事？12306 请了哪位神仙来加速？原来是阿里云！

有冲突，一般人们认为12306选择阿里云肯定是因为双十一的高并发访问需求和订火车票比较相似，但是不一样：

12306与淘宝天猫的后台是两种系统，双十一在业务规模上更有挑战，而12306则在业务复杂度上更高。具体举例说，火车票和体育比赛门票、天猫订单、机票等“一次性”的订单具有不一样的属性。比如，从北京到广州，沿途有多个站点，理论上乘客可以选择任意一段区间购票，所以每买一张区间票，可能同时裂变出多张区间票。这个逻辑比大多数电子商务系统要复杂得多。假如说要再添加一些更人性化的特点，比如根据订票者身份证里的年龄优选上下铺、优选座位号等，那么查询和出票逻辑就更复杂了。

说到案例传播，金蝶所推行的“中国管理模式”有很大的借鉴意义。

金蝶是做管理软件的，常规的案例传播，就是去讲客户在使用了自己的管理软件后带来了哪些改变。但是这样的传播，看起来太像是直接的软文或者广告，格局和维度太低。

金蝶是如何做的？它提出了一个“中国管理模式”的新概念（标签），而且跟国内六大知名院校的商学院一起，以“让中国管理模式在全球崛起”为志，发起“中国管理模式杰出奖”的遴选活动，通过这一公益奖项，金蝶和各大商学院的教授，已经走访了上百家在管理模式领域获得杰出成就的中国企业，并梳理、提炼、传播他们的管理案例。

这是一个非常妙的案例传播方式。首先，它将“管理模式”定位为“中国管理模式”，彰显了大国自信，极易引发国人的共鸣。徐少春认为，之前我们更多地在说西方的管理模式，但他坚信中国也有自己独特的管理模式。

著名管理学大师杜拉克在临终前讲了几句话，有一句是：到 21 世纪中国将与世界分享管理奥秘。事实上，从大汉王朝到大唐盛世，到郑和下西洋，再到现在，每隔 700 年中国都会有一次复兴。21 世纪是我们中国人的世纪。我相信随着中国经济的崛起，中国管理模式必将成功，也必将成为世界管理中璀璨的明珠。

——摘自《金蝶徐少春：探索中国管理模式奥秘》

其次，宣传管理软件和推广管理模式，是两个不同的层次，还记得我们之前说的“升维进化，降维打击”吗？金蝶的“中国管理模式”就是“升维进化、降维打击”。

“中国管理模式”不仅仅是一个案例传播，更是金蝶一个与客户和潜在客户互动连接的平台。从以前你求着客户出来给你站台，到现在你搭建一个平台，这是一个很大的升维。看看“中国管理模式”的历届奖项：“和而不同”集团管控模式的香港招商局集团、集权与分权相结合管控模式的万科企业股份有限公司、三维领导力模式的中粮集团股份有限公司、开放与共享管理模式的腾讯控股有限公司以及人单合一管理模式的海尔集团有限公司等案例，他们都或多或少是金蝶的客户，即使不是客户，因为这个奖项的连接也有了互动的可能。

从金蝶的“中国管理模式”中，我们要学习如何升维地进行案例传播。它的视角是客户，是先说客户有多厉害，而且将这种“厉害”升维到一种更高的维度“中国管理模式”，然后将自己IT系统的角色巧妙地植入其中。

例如，曾经获奖的德邦快递，主要是其“亲情1+1”的福利制度，“每月，从员工的工资卡拿出200元，公司再单独拿出200元，全部寄给她的父母。”通过营造亲情关系来提升公司的凝聚力。而这最终升维为“中国式人本管理”，背后就是金蝶的IT系统带来的高效支撑。

而且，案例传播绝对不仅仅只是停留在文字、图片、视频等线上渠道之中，也应该走线上与线下结合的路线。比如，你要宣传“智慧城市”的解决方案，不能只发案例的稿件，还要组织媒体、自媒体去你的智慧城市的样板实地参观、体验、交流。这种参观、体验、交流不仅能够让媒体能更直观地感受到智慧城市的魅力，而且将笔从自己手中交到媒体手中，他们写出来的东西肯定比“企业视角”要生动得多。

同样，我有一个提法：快闪店是营销界的新零售。B2C企业特别喜欢用快闪店来做营销，因为它在线下，看得见、摸得着，方便体验，而且因为是快闪店，所以可以不用受制于业务的束缚，可以“为所欲为”。B2B企业是不是可以效仿，将自己的优势解决方案和不同的场景结合，做一个快闪店一样的传播呢？

例如，2017 年整个零售业最热的就是淘宝的“淘咖啡无人超市”，在超市拿了东西，不排队结账即可走人的体验让人神往，也震撼了整个零售行业。实际上，这个“无人超市”只是淘宝造物节期间的一个快闪店，仅仅存活了几天。

但是，正是这个快闪店，对阿里的“新零售”起到了绝佳的示范作用。很多人认为无人超市仅仅是个噱头，实则不然，它在本质上不是给大众，而是给传统零售企业看的，是阿里新零售的案例传播。

之前，马云提出新零售，很多人不知其意，但是淘宝的“无人超市”却将新零售落地实现了，让人们真正看到了新零售的魅力所在。无人超市，是马云新零售的一个很好的展示场所。正如淘咖啡技术负责人多马总结的，“主要技术是结合计算机视觉、机器学习、人工智能等，组成的一整套完整的、不断优化的系统。”

看看，所谓案例，不仅仅是来源于客户，更能自己造一个案例！自己造的案例，更能聚合所有可能产生话题的技术或者产品，更能引起轰动，也不用受制于客户。如果你苦于没有合适的案例传播，不妨自己做一个快闪店。

大力发展 AI 的百度，就是这样做的。百度和海淀公园合作，联手打造出了全球首个 AI 公园：你可以乘坐无人车逛公园，和小憩的智能凉亭进行互动，还能头戴 AR 设备和虚拟现实下的教练学打太极拳。该公园还配备了人脸识别存包柜和智能步道，对喜爱运动的朋友来说，无须佩戴硬件设备也能在公园里实时记录自己的运动数据……

这时候，变身 AI 公园的海淀公园，就变成了展示百度 AI 优势的案例。看看，案例绝对不只是一篇文章，它甚至可以如此宏大。

所以，对于 B2B 企业而言，案例传播是一个传播利器，企业应该重新思考，看看如何能够在这方面进行改进、提升。

### 3. 结同盟

除了贴标签、树标杆外，对于 B2B 企业的传播来说，还有一个很重要的秘密，就是“结同盟”。意思很清楚，就是要尽可能地联合一切可以联合的力量，将自己的标签最大限度地进行扩散。

首先，我们要盘点一下哪些是可以联合的力量？有媒体、意见领袖、政府与行业协会、研究机构、客户、员工、最终用户等，这些所谓的利益相关群体都是可以联合的力量。

IBM 的“I'm IBMer”系列内部海报，是借助员工的力量。它通过漫画的形式展示了真实员工的工作内容，让大家相信，IBM 可以真正影响到生活、社会的方方面面，让生命、世界变得更美好，刺激员工更多的创新行为。用现在流行的方式说，就是把员工打造成个人 IP，培养很多企业内部的意见领袖，让每个员工都为 IBM 代言。

B2B 公司的传播，也特别要借助咨询公司和研究机构的力量。例如，在云计算领域，Gartner、IDC、Frost & Sullivan 等咨询公司都会定期发布相关的报告，如果你在报告中表现出色，将可以借势进行推广。

说到咨询公司，不得不说一下 Gartner，特别擅长标签化传播。Gartner 提出了一个叫作“魔力象限”的方法论，与单纯的给出统计数字或者列表为公司进行排名不同，魔力象限使用二维模型去阐释公司间的实力及差异。魔力象限基于公司发展前景的完备性和执行能力，将构成竞争的公司分成四个不同的部分。

利基型企业：公司发展前景的完备性和执行能力方面都得低分的公司，也许占有一定的市场份额，但还是比不上规模大一些的厂商。这些公司通常关注功能性或其他特定领域，也可能是新成立的公司。

有远见者：了解市场动态并且有潜力进行创新，但也许尚缺乏执行这些的能力。虽然这是早期市场中的企业标准，但是在较为成熟的市场中，有远见者则常常要么是设法实现创新的小企业，要么是不想按常理出牌的大厂商。

挑战者：执行能力高，但缺少强劲的发展势头。挑战者往往是大型一点的成熟厂商，并且不愿打破其当前的发展计划。随着公司的发展他们完全有实力成为行业领袖。

行业领袖：公司发展前景的完备性和执行能力方面均得高分的行业领袖，往往是大型的成熟公司，拥有大量客户群并且在市场上知名度极高。行业领袖在市场中有巨大的拉力，甚至有实力影响市场的整体发展方向。

不同的公司被放入不同的位置，也成了很多公司彰显其实力和优势的依据。站在 Gartner 的角度，这个魔力象限让 Gartner 在针对 B2B 公司传播时形成了独特而专业的标签。

当然，你也可以和咨询公司联合定制报告，一定要注意，这种定制报告要客观，可以只说一个侧面，但是不能造假。

例如，在共享单车混战的 2017 年，摩拜和 ofo 就都借助咨询机构发布相关数据，掀起了一场争夺市场份额第一的战争，最后因为数据混乱，变成了一场闹剧。

你还可以配合政府机构或者相关行业协会，联合发布相关的标准、规范，来树立自己的领先地位。例如，2018 年 7 月，京东物流联合全国工商联家具装饰业商会，发布了国内家居电商行业首个送装标准《家居电商送货与安装服务规范》，围绕消费者关切、商家关心的各个环节展开，对人员要求、设施设备、送货、安装、验收、售后服务、服务质量评价等方面进行规范。如电商应对从业人员进行培训、评价，通过建立等级评价制度，持续改进服务质量；在保护措施上，应文明安装施工，减少环境影响；在验收环节，应向用户提供使用说明和维护保养方法，对用户进行使用培训等。

这种联合发布标准的方式，一方面可以突显京东物流在家居供应链方面的领先地位；另一方面，可以将自己的标准上升为行业标准，抢夺行业话语权。

我们之前说的金蝶的“中国管理模式”，也特别注重“结同盟”。

其一，是和知名的管理学家等管理界的意见领袖结盟，中国管理模式杰出奖遴选理事会由成思危支持发起，北京大学陈春花教授等知名管理学教授参与。后来它又升级成为中国管理模式 50 人论坛，由 25 位管理学者和 25 位企业家组成。

其二，与企业家结盟，中国管理模式评奖得到了复星集团郭广昌，格力电器总裁董明珠、万科集团董事长王石、中国节能投资集团董事长王小康等企业家的力挺。

其三，是和中国人民大学、东南大学、中央财经大学、北京工商大学等国内顶级商学院结盟，得到他们的支持。

其四，是和中央电视台（央视）结盟，金蝶联合央视摄制了大型纪录片《公司的力量》，并在央视 2 台播出，引发了广泛的关注。之后，金蝶和央视又联合推出过《发现中国管理模式》的系列特别节目。

这种同盟，也可以是和自己的产业链“完全无关”的企业，也就是我们通常意义上说的“联合营销”。接下来，我们详细来说一下联合营销。

联合营销需要注意四个思维，第一个是“用户思维”，即做联合营销时不应该只是为了创意而创意，而是应该聚焦在用户身上。品牌之间做联合营销，要“门当户对”，就是指的品牌所处的领域不同，但是目标用户却应该是一致的。

第二个是“点思维”，即不求面面俱到，而要在关键点实现突破。这个点，就是你树立的标签。

第三个是“产品思维”，即如何将联合营销产品化，联合营销基本上做完一个活动就归零，无法实现沉淀，如何用产品化和运营化的思维将联合营销变成阵地就很重要。在这方面，我们之前举的京东东联计划、“Intel Inside”，就是产品思维的体现。

第四个是“开放思维”，就是只有改变竞争思维，变成开放思维，才能真正实现好的联合营销效果。

在这里，给大家讲一些联合营销的案例。一个是华为云在 2018 年 4 月做的“什么体”。华为云全新品牌广告在北京、上海、广州、深圳等 16 座城市机场同时上线，以简单明了、发人深省的“三问”为切入点——“什么云，真正读懂你的焦虑？”“什么云，真正敬畏你的数据？”“什么云，真正关心你的未来？”充分展现了华为云助力企业数字化转型，携手客户及合作伙伴共赢未来的愿景。

为了将这个广告更加广泛地为人所知，华为云发起了一场联合营销。一个维度是明星，包括汪峰、黄渤、徐静蕾在内的多个明星都加入其中，用“什么……真正……”来造句。例如“什么音乐，真正致敬岁月流年”“什么故事，真正会成为一出好戏”“什么跨界，真正是自己的人生边界”等，在微博上引发热议。

另一个维度是企业，包括百雀羚、海尔、Intel、用友、吉利汽车、一汽奔腾、中软国际、中国国家地理、马蜂窝、九牧卫浴等品牌“蓝 V”也纷纷加入“什么体”，配上各种丰富有趣的图片，结合海报在微博上共同造势。最终，“什么体”因为联合营销而红，也让华为云的三个问题得到了最大程度的传播。

另一个案例是 SAP（思爱普）和客户的互动。说到互动，还记得杜蕾斯在 2017 年感恩节做的互动吗？SAP 如法炮制，在 2018 年 5 月 20 日也来了一场联合营销。

520 因为谐音是“我爱你”，变成了表白的日子，微信甚至还专门在这一天将单次红包的限额从 200 元改为 520 元。在微博上，SAP 与西单大悦城、NBA、中国商飞、广州长隆欢乐世界、蔚来、WTA 国际女子网球协会、立邦、Live Nation、海康威视、巴比馒头、东鹏瓷砖、柳工机械等品牌互动，秀了一场恩爱。

十几个品牌互动，带来十几种不同风格的情书，最终指向同一个信息：我们在一起，世界更美好。他们讲述的其实是十几个关于美好的故事。柳工机械带来的是“智造”的数字经济的美好，东鹏瓷砖带来的是“家居艺术”的美好，巴比馒头带来的是“健康早餐”的美好，海康威视带来的是“洞察万物”的美好，立邦带来的是“点亮缤纷人生”的美好，WTA 国际女子网球协会带来的是“巾帼不让须眉”的美好，蔚来带来的是“Blue Sky”的美好……而这一切的美好背后，都离不开 SAP 的助力！

## 4. B2B2C

很多人看到 B2B2C 会觉得奇怪，既然是 B2B，为什么要和 C 发生关系呢？

原因有两个：第一，你（第一个 B）和你的客户（第二个 B）的立场是一致的，都是要给最终用户（C）能带来价值；第二，B2B 公司的最终传播对象也是客户公司中的个人（C）。

再说直接点，B2B2C 本质上是 B2P（Business to People），虽然你传播的对象是企业，但是必须要做出针对人的个性化来传播，否则只是冷冰冰的以机构的方式来做传播，很难做出效果。正如我们之前所说，B2B 传播之所以难，是因为内容太专业、难懂，目标受众太垂直、小众。这个时候，让传播走向大众，将能让专业的内容通俗化，让尽可能多的人认识你、了解你，用你的客户的客户来倒逼你的客户。

B2B2C，要求你的内容要尽可能好玩，如果自己所在的领域太过于专业、难懂，那么是不是可以和大众都熟悉和喜欢的娱乐、文化等领域进行跨界呢？

英特尔与李宇春的跨界就值得学习。2017 年 10 月 27 日，英特尔联合李宇春工作室发布了《今天雨，可是我们在一起》MV。在这支 MV 中，英特尔通过实时 3D 人脸重建技术在李宇春的脸上合成出了雨水、波纹等特效，和 MV 场景实现了完美的融合。

具体来说，英特尔通过摄像头来检测和识别人脸，定位 78 个关键点，实时跟踪头部运动和面部表情变化。对图像进行智能分析和特征提取后，再通过运算将不同的特效叠加上去。

这和传统的 B2B 营销是不是有很大的不一样？对于这种 AI 技术，传统的 B2B 营销或许会去说技术的优势，或者最多去说 AI 技术在一些专业领域的应用。但是英特尔就将 AI 技术与娱乐进行了跨界，通过这种跨界，让自己走出了专业的技术圈，借助娱乐进入大众的视线。

英特尔将自己的这种营销，称之为“体验式营销”，即通过建立更多外向的、可体验的感官体验和大众产生关联。具体来说，英特尔为体验式营销的落地选择了三个领域：体育、电竞和娱乐。

在体育领域，英特尔已经和国际奥委会达成合作，英特尔通过 5G 平台、VR、3D 和 360° 内容开发平台等技术手段来增强奥运会的数字化体验。另外，西甲联赛也成为欧洲首个在所有球场都永久安装英特尔 360° 回放技术的足球联赛。这项技术也广泛应用于 NBA（美国职业篮球联赛）、NCAA（美国大学篮球锦标赛）、NFL（超级碗）、MLB（美国职业棒球大联盟）的赛场上。

在电竞领域，英特尔与 ESL 合作创立了 IEM 极限大师赛，开始实施以欧洲为基地的全球性赛事，目前已经总计有十万人参与到了英特尔极限大师赛当中，其中既有专业的选手，也有业余选手。

在娱乐领域，除了和李宇春的合作，英特尔在“超级碗”的中场秀中用无人机给 Lady Gaga 的表演伴舞，在 NBA 全明星扣篮大赛用无人机为戈登助攻，利用动作捕捉技术还原莎士比亚戏剧《暴风雨》的角色……正是用这一系列的体验式营销，让普通大众也能了解到英特尔的技术所带来的场景化体验，大家对英特尔的认知也更加深入。

B2B2C，也可以用新颖、好玩的形式来演绎你的专业化内容。B2B 公司金蝶从 2014 年开始，基本上在每年的五四青年节都会砸一个东西，来阐释自己的战略。

在 2014 年 5 月 4 日，金蝶集团创始人徐少春在北大砸掉笔记本，推行移动办公方式；2016 年 5 月 4 日，徐少春砸掉办公室，号称打破组织边界，实则再次强调推广移动办公；2017 年 5 月 4 日，徐少春砸掉了“ERP”，砸掉了象征老板身份的办公椅，砸掉了 CEO 的身份，目的是推广金蝶的云计算；2018 年 5 月 4 日，徐少春砸掉了代表财务管理旧世界的围墙，目的是推广“无人会计，人人财务”。

相比新闻稿、媒体交流会、案例传播这些常规的传播方式，这一“砸”极具冲击力，也自带话题。还记得我们之前说的“传播即产品”吗？如果你每一年的 5 月 4 日都“砸”，这种行为本身就有了品牌，当临近时间的时候，会有人期待或者询问，今年会砸什么？还记得当年海尔张瑞敏砸冰箱的故事吗？其实本质是类似的。

华为云在广州白云机场 T2 航站楼打造的“云之道”也是 B2B 企业走向大众的一个传播案例。2018 年 4 月 26 日，广州白云国际机场 T2 航站楼正式投入使用，在这个航站楼二层，华为云和白云机场携手打造，上演了一场实时进行的多媒体视觉灯光秀。

不得不说，“云之道”这个创意很棒！白云机场和云计算、华为云，都包含“云”，异曲同工；云之道，选择的是白云机场 T2 航站楼的枢纽通道，客流众多，是最好的展示场所；加之白云机场 T2 航站楼新开通这个“天时”，公众关注度也高。天时、地利、人和，放在一起，让云之道成为最美地标。

在后期传播的时候，华为云通过内容的引导，赋予了“云之道”更多的含义。

云之道，首先是一个通道，是一个物理的通道，它连接了旅客的起始地和目的地，连接了广州和全球；它更是一个虚拟的通道，每一个经过的人，都能漫步云端，感受到云计算、智能世界所带来的无限魅力，它连接了人与人、商业与商业，更连接了现在与未来、物理世界与数字世界。

云之道，暗含的又是“云的解决之道”“云的技术之道”，这是一个方法之道，寓意着华为懂得解决企业上云的技术之道。弥漫四周的云图代表着无处不在的华为云，以及由华为云提供的丰富多彩的业务。华为云致力于为企业提供有技术、有未来、值得信赖的云服务，做智能世界的“黑土地”，连接企业的现在与未来。

云之道，还是“华为云知道”的谐音，暗含华为云最知道客户的需求，最知道他们的转型之道。面对 AI、大数据、物联网等技术大潮，企业都很焦虑，不拥抱它是等死，拥抱它不懂是找死，选择错了合作伙伴是速死，这个时候，到底应该怎么办？这是无数企业，尤其是传统企业的心声。华为云仿佛用云之道在告诉企业，你们的焦虑和痛点我知道，解决之道我知道。

——《刚开通的白云机场 T2 航站楼有个云之道，华为云乘势起飞》

B2B 企业也可以尝试 B2C 企业传播所用的裂变式营销方式，尤其在愚人节的时候，更是绝佳的机会。因为愚人节大家普遍接受“不正经”的营销内容，这个时候，借机做些裂变式的内容，既走进大众，又不用担心被认为不专业。

阿里云就深谙这一点，在愚人节经常会发布视频，通过一些奇思妙想来展示自己的技术。

例如，2017 年愚人节，阿里云就发布了一个《史无前例的生物计算，阿里“云计蒜”》视频，宣称自己研发了一款新产品：一颗蒜，这颗蒜叫作“云计蒜”。阿里云是这么介绍这款产品的：阿里云根据大蒜研发了一个超级云计算系统——云计蒜。它绿色、环保、安全，蒜群通过光合作用就能进行庞大复杂的计算，运算能力超越现有任何普通云的处理速度。

除此之外，云计蒜还具备这些优点：味道越辣的大蒜，计算能力越高；大蒜天然的杀毒能力使它有对病毒防护能力；可以作为绿色食品食用。视频的结尾 Slogan 是：阿里云计蒜，科技有味道。阿里云为了把这个产品做得逼真一点，还上线了云计蒜的网页。

虽然是愚人节的玩笑，但却展示了自己的奇思妙想，树立了自己技术的标签，让高高在上、冰冷的技术公司走入了大众视野。这样的玩笑，还是可以做的。

IBM 推广“智慧地球”的时候，做了一系列的线下广告，但是他们的广告没有只停留在口号上，而是透露着智慧，给大众带来便利：楼梯处的斜坡广告牌为提行李箱的人们提供便利；凳子广告牌，为人们休息带来便捷；遮雨棚广告牌可以避雨……

最后，我们总结一下，B2B 品牌的传播秘密大致总结为：贴标签、树标杆、结同盟、B2B2C。具体来说，就是一定要设定一个合适的标签，然后通过创新的案例来传播，树立标杆，并联合所有可以联合的力量结成同盟，用 B2B2C 的方式走入大众。

# 14

# CEO 人设：
## 网红 CEO 如何炼成

有没有发现，互联网公司的老板们都特别活跃，经常是一个人撑起整个公司品牌的天空。甚至毫不夸张地说，一个企业最大的代言人应该是CEO，而不是什么明星。

为什么会这样？这是因为互联网是眼球经济，作为公司的一把手，CEO 就需要担当起传播公司品牌、吸引用户关注度的重任。与公司相比，CEO 是活生生的人，有着鲜活的性格，更能与网友建立良好的互动。

为了凸显自己的不同，CEO 都会树立自己的独特个性，有一个专门的词来形容这一点，叫作“人设”。

“人设”这个词来自动画行业，就是人物设定，在绘制动画人物的时候，需要对人物造型、身材比例、服装样式，以及不同的眼神、表情、个性特点等进行设定。

所谓CEO的人设，就是为了传播的目的，将CEO贴上一个特定的标签，并且不断强化，进行传播。这很像一个品牌或者企业“贴标签”的过程。

值得注意的是，CEO 人设在很大程度上是品牌或者企业贴标签的重要组成部分，因为 CEO 的号召力比起一个企业来说要大得多。

问大家一个问题：为什么这几年自媒体强势崛起，而传统媒体却纷纷衰落？其中一个很重要的原因，就是自媒体是以人为中心，每个自媒体都是活生生的人，他们有喜怒哀乐，有情绪，所以写出来的东西是带个性的，能够更好地和读者进行沟通、互动。而传统媒体呢？则是一个机构，记者是藏在机构后面的，导致写出来的文字内容有余，但是欠缺温度。

这就是 CEO 在传播中越来越注重人设的原因，也是为自己贴标签的原因所在。

CEO 的人设，和我们之前讲的品牌或企业的贴标签并无根本的不同，同样是需要内容、渠道、行动三要素。

在内容上，一定要精心设计，一定要符合 CEO 本人的特质，我们可以从其出身背景、教育经历、工作历程等方面进行梳理和思考，结合 CEO 本人的性格特点以及企业的文化、价值观等来综合考虑。

要注意，虽然叫作人设，好像是人为设定的，但是需要尽可能接近 CEO 本人的特质。否则，就很容易导致 CEO 人设崩塌，带来极大的破坏作用。

在渠道上，要特别注意 CEO 的自媒体作用。甚至毫不夸张地说，CEO 自媒体渠道是树立 CEO 人设最好的渠道。纵观那些“网红 CEO”，无不将自媒体发挥到极致。具体到应该利用什么渠道，真是丰富多彩。

显然，CEO 应该选择最火的应用，比如微博、微信、今日头条等，因为大部分用户和网友也在使用。有的互联网公司 CEO 也会刻意利用自己公司的渠道发声，兼具宣传自己公司的平台。比如，腾讯 CEO 马化腾对外总是以朋友圈截图的形式出现，百度 CEO 李彦宏则比较喜欢用百度贴吧，美团 CEO 王兴仍然坚持在自己以前创立的饭否上对外发声。

在行动上，同样是我以前的观点：行动为王、行动为王、行动为王！重要的事情说三遍。重要的是行动，只有 CEO 有符合自己人设的行动，制造相关的事件，才能更快、更好地引爆传播，强化自己的人设。

说了半天，可能你还是没有什么概念，接下来，我们来看几个具体的例子。

### 1. 马云的“教师”

2018 年 9 月 10 日，教师节，阿里巴巴董事长马云在这一天有一个惊人的举动。

先是在几天前，美国《纽约时报》报道称，马云计划在 9 月 10 日辞去阿里巴巴董事长职务，寻求教育慈善事业。但马云仍将在阿里巴巴董事会担职，并继续指导公司的管理层。

《南华早报》证实，阿里巴巴董事局主席马云将于 9 月 10 日宣布公司的传承计划。马云在接受采访时表示，这是认真准备了 10 年的计划并不是媒体报道的“退任”或是“退休”。阿里巴巴方面回应称，消息没有问题但目前没有更多消息可以披露。

这些媒体报道制造了一个巨大的悬念：在 9 月 10 日教师节，马云将宣布一个重大的决定。

马云要退休吗？非也，马云在 9 月 10 日宣布，想重回教育界，做热爱的事情。一年后，阿里巴巴 CEO 张勇将接任他作为董事会主席。马云在公开信中说：“我受的教育让我成为一名教师，能够走到今天我非常幸运。为公司未来负责也为自己负责，应该让公司里更年轻、更有能力和才华的人来担任领导工作，继续传承‘让天下没有难做的生意’这个伟大的使命。”

这次可以称得上教科书式的传播事件，再次强化了马云的人设（标签）：教师。

回顾马云的人设，有很多可以学习的地方。

其一，自身经历的故事反复被传播。马云在接受媒体采访或者演讲中，经常谈到自己的教师经历。1988 年，马云从杭州师范学院外国语系英语专业毕业，获文学学士学位，之后被分配到杭州电子工业学院（现杭州电子科技大学），任英文及国际贸易讲师。在公开的影像资料中，马云曾自豪地说，他是师范学院当届 500 个毕业生中，唯一一个进入大学教书的人。在视频中，可以看到年轻的马云满脸笑容、神采飞扬，对采访者说：“我教书教得很好，真的很棒！我自己觉得自己教书教得炉火纯青。”

在阿里巴巴的事业如火如荼的时候，马云于 2015 年创办了湖畔大学，出任首任校长，以另类的方式圆了教师梦。马云称，湖畔大学立志为创业者传道授业，并将遵循公益心态、商业手法的原则，专注于培养拥有新商业文明时代企业家精神的一代企业家。

其二，自我强化身份。9 月 10 日是教师节，也是马云的生日，不知道是巧合或是天意？在微博上，马云将自己的名字改为“乡村教师代言人-马云”，这是因为马云在 2015 年 9 月启动了“马云乡村教师计划”，每年向 100 名乡村教师提供总额1000万元的奖金资助和持续三年的专业发展支持；2016年7月，马云又发布“马云乡村校长计划”，计划10年投入约2亿元人民币，寻找和支持中国优秀的乡村校长……

阿里员工对马云的称呼已经从“马总”改为了“马老师”，在2018年9月10日马云宣布一年后退休的时候，阿里巴巴放出了马云的名片，后面的落款是“老师”。

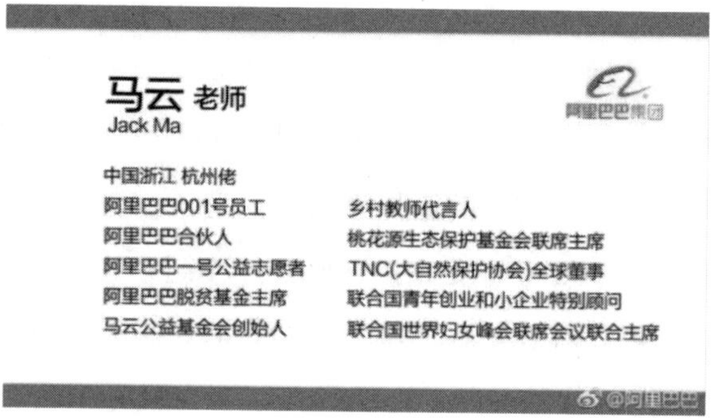


其三，是不断冒出的金句。马云之前是教师，创办阿里巴巴之后，也成为创业者的“教师”，不断冒出激励创业者的金句和语录，成为持续强化其“教师”“导师”人设的利器。摘录一些马云的金句。

我永远相信只要永不放弃，我们还是有机会的。最后，我们还是坚信一点，这世界上只要有梦想，只要不断努力，只要不断学习，不管你长得如何，不管是这样还是那样，男人的长相往往和他的才华成反比。今天很残酷，明天更残酷，后天很美好，但绝对大部分是死在明天晚上，所以每个人不要轻言放弃。

永远不要跟别人比幸运，我从来没想过我比别人幸运，我也许比他们更有毅力，在最困难的时候，他们熬不住了，我可以多熬一秒钟、两秒钟。

创业首先是去做，想多了没用，光想不做那是乌托邦。很多时候创业者因为自己搞不清楚而不去创业，实际上等你搞清楚以后就更不会去创业了。书读得不多没有关系，就怕不在社会上读书。

员工辞职原因林林总总，只有两种最真实：钱没给到位；心受委屈了。这些归根到底一条：干得不爽。这些员工走的时候还费尽心思找靠谱的理由，为的就是给你留面子，不想说出你的管理有多烂，他对你已经失望透顶了。仔细想想，真是人性本善。作为管理者，定要乐于反思。

人还是要有梦想的，万一实现了呢？

这些金句和语录，都是鸡汤，但是对于那些创业者来说，有很强的鼓舞作用。而马云自己，也是一个草根创业者，外在形象不佳、无互联网背景、创业初期无靠山，真真正正是白手起家的。从一个老师到阿里巴巴掌舵人，非常励志，也是各大创业者敬仰的偶像。

不得不说，马云这个人设非常贴切，符合其经历，而且也和阿里巴巴的企业价值观相符合。阿里巴巴一个很重要的价值观就是帮扶中小企业，从这个角度来说，阿里巴巴之于中小企业的角色定位也是“老师”。

### 2. 雷军的“厚道”

小米的创始人雷军是塑造 CEO 人设的典型案例，他给自己贴的标签叫作“厚道”。

2018 年 5 月 3 日，小米正式向香港交易所递交上市申请。与此同时，很多人都被小米创始人雷军写的公开信《小米是谁，小米为什么而奋斗》打动。

这封公开信里的一个重要关键词就是“厚道”。雷军在信中说，小米之所以能一路走来并取得成功，就在于它从创办的第一天起就清楚地知道，自己是一家创新驱动的互联网公司，使命是坚持做“感动人心，价格厚道”的产品，让每个人都能享受科技带来的美好生活。

实际上，围绕这个“厚道”，雷军有很多的行动。其一，是提出“硬件综合净利率永不超过 5%”的说法。

> “感动人心、价格厚道”不是一句空话，这八个字是我们的价值观和精神信条。在此，我要向所有现有和潜在的用户承诺：从 2018 年起，小米每年整体硬件业务的综合净利率不会超过 5%。如有超出部分，我们都将回馈给用户。因为，我们始终坚信，相比追求一次性硬件销售利润，追求产品体验更有前途；相比渠道的层层加价，真材实料、定价厚道终究更得人心。
>
> ——摘自雷军的公开信《小米是谁，小米为什么而奋斗》

其二，是发动自己的“朋友圈”加入讨论，通过诸多大佬共同发声，抬高声量。在这个公开信发布之后，雷军的众多大佬好友加入一起讨论，形成了“××回复雷军：××是谁，××为什么而奋斗”体，又称为“回雷体”（回复雷军体），将雷军的“厚道”从一个公司话题上升到一个行业话题，关注度爆棚。看看这些加入的大佬及发表的文章标题就可见一斑。

真格基金创始人徐小平的《徐小平回复雷军：真格是谁，真格为什么而奋斗》，复兴集团董事长郭广昌的《郭广昌回复雷军：复兴是谁，复兴为什么而奋斗》，蓝港互动集团创始人王峰的《王峰回复雷军：蓝港是谁，蓝港为什么而奋斗》，拉卡拉创始人孙陶然的《孙陶然回复雷军：拉卡拉是谁，拉卡拉为什么而奋斗》，bilibili 创始人陈睿的《陈睿回复雷军：bilibili 是谁，bilibili 为什么而奋斗》，小鹏汽车创始人何小鹏的《何小鹏回复雷军：小鹏汽车是谁，小鹏汽车为什么而奋斗》……

这些大佬在谈自己的时候，无一例外也点评了雷军的“厚道”。比如在徐小平的文章中，就谈了自己眼中的“感动人心，价格厚道”。

中国制造要做到“价格厚道”并不难，中国制造事实上价格一直都很“厚道”，难的是让中国制造真正“感动人心”。而小米的产品确实带给我真正的感动：有一天，小米联合创始人黎万强带给我一套尚未发布的家用工具盒。他让我猜多少钱？我从 599 元猜到 199 元，再也不想往下猜了，因为我无法想象这套我认为值好几百元、非常精致的工具盒只卖 99 元。我为这 99 元的定价感动，不是因为价格便宜，而是看到雷军明明摆着很多钱不去赚，“只为让人们享受科技带来的美好生活”。小米越成功，学习小米的公司越多，我们的生活必将越美好。

——摘自《徐小平回复雷军：真格是谁，真格为什么而奋斗》

不得不说，雷军“厚道”的人设还是非常贴切的。小米最重要的标签是“性价比”，这和雷军的“厚道”本质上是一样的。同时，雷军自己的特质是勤奋，他在业内甚至还有一个外号叫作“劳模雷军”，和“厚道”的人设非常匹配。

网上有大量关于雷军勤奋的故事。

大部分认识雷军的人都说，将来雷军的死法只有一个，那就是被累死。

雷军刚加入金山的时候没有成家也没有女朋友，所以，除了必要的吃饭和睡觉时间，他几乎所有的时间都是在编程序、写代码。

后来进入管理层之后，雷军给自己的要求是“6×24 小时”工作制。其实，仅有的一天休息时间雷军也是在工作的。

而成为金山的 CEO 之后，雷军的工作时间甚至变成了“5+2”和“白+黑”。

——摘自《雷军：你若不是富贵出身，唯一的选择就是忠诚勤奋》

当然，雷军也是将 CEO 做自媒体发挥到极致的例子。看看雷军在微博、微信公众号、知乎等平台上的勤奋发言就知道，如此成功的名人，还在拼命努力，有多么“可怕”!

在调性上，雷军是“呆萌”（又笨又可爱的人）的，这和其厚道的人设交相辉映。以前雷军比较腼腆、低调，给外界的形象比较模糊，但是在 2015 年的一次活动中，雷军的形象来了一次重要的转折。

这是小米在印度发布小米 4i 的活动，为博得印度人民好感，雷军故意在发布会现场飙英文，引得现场观众大笑，场面十分有趣。有网友将这段视频做成了“鬼畜”神曲《Are You OK》，放在了哔哩哔哩网站（B 站）上，一时间风光无两，点击量高达几百万人次。

虽然被恶搞，但是雷军也获得了“呆萌”的新风格，这种风格还是很吸引网友的。雷军后来干脆“自黑”，在 2016 年春节的时候现身 B 站，给大家拜年。值得注意的是，继《Are you OK》被刷爆 B 站之后，雷军在视频中再次大秀“Are You OK”，网友直呼太会玩。

这种“自黑”，就是我们之前所说的“娱乐思维”“黑到深处自然红”，当你放下身段“自黑”时，你也就走进了网友的世界，从高高在上的 CEO，变成了贴地气、有亲和力的人。

### 3. 马斯克的“钢铁侠”

特斯拉的创始人埃隆·马斯克，有一个鲜明的人设（标签）“钢铁侠”，让我们一起看看这个人设是如何实现的。

《钢铁侠》是漫威漫画公司的电影，据说其中钢铁侠托尼·史塔克的原型就是马斯克，而马斯克也在其中友情客串过。“马斯克与钢铁侠史塔克是一类人，他们一旦抓住一闪而过的创意，就为自己的想法倾尽所有，一秒钟都不会浪费。”饰演钢铁侠的罗伯特·唐尼这样说。

所谓“钢铁侠”，是能够完成世人眼中所不能完成的任务的人。在这一点上，马斯克用实际行动让自己的人设树立了起来。

他在28岁的时候，就以3亿美元的价格卖掉了创办的Zip2公司，31岁时以15亿美元的价格卖掉了与彼得·蒂尔联合创办的 PayPal 公司，然后他拿着自己全部的财产投入到疯狂的实业大冒险中。

他创立了特斯拉，颠覆了传统汽车业，开创了一个电动汽车的新时代；他创立了 Space X，实现了可回收、可复用的火箭发射，让人类可以用更低的成本迈向太空；他创立了太阳城，目前已经成为最大的消费者商用太阳能电池板安装供应商。

这些还不是最疯狂的，马斯克的 Space X 要将人类送入火星，还能用于地球上的长距离旅行，其新型火箭 BFR 可以在1个小时内到达地球上的任何一个地方，从纽约飞到上海只需要39 分钟。他还有一个超级高铁的构想，超级高铁在几乎真空的地下隧道运行，依靠磁悬浮动力推动，时速超过600公里。他还创办了脑机接口公司 Neuralink，希望有朝一日能用来上传、下载人的思想。

是的，马斯克所做的，早已经超越了互联网的范畴，和大多数互联网公司格格不入。当大多数互联网公司都在做眼前的事情时，马斯克却在进行突破性的硬科技革命探索。而且，马斯克所做的事情有着大情怀，是为了全人类的命运。

在马斯克的构架中，特斯拉使用电能，太阳城用太阳发电，通过这样的清洁能源保证地球不会出现能源危机。如果这样还不能让地球免于毁灭，那么就通过 Space X 将人送上太空。Neuralink 的创立也是出于马斯克对于人工智能的担忧，他曾经呼吁警惕人工智能。为了阻止人工智能毁灭世界，Neuralink 要做的是将人类大脑与计算机连接起来，提升人类自身的能力。

马斯克也是自媒体的高手，经常在 Twitter 上放出豪言，搞出大新闻。最惊心动魄的事件就是特斯拉私有化了。2018 年 8 月的一天，马斯克在推特上发布了爆炸性的推文，宣布“我正在考虑以每股 420 美元的价格把特斯拉私有化，资金问题已经解决。”

在这条信息发出后不久，特斯拉的股票一度涨幅超过 8%，股价冲破 371 美元。

通过 Twitter 这一社交媒体来首发公司重大决定，可以说是上市公司中罕见的“非传统行为”了，加之马斯克在 Twitter 上发过“钓鱼”推文，一度让外界以为这位“网红企业家”又在开玩笑。不过值得一提的是，美国证券交易委员会在 2013 年就已表示，允许各公司及高管通过 Twitter 和 Facebook 等社交媒体平台来发布公告。

随后，马斯克发了一封致全体员工的邮件，再一次实现了“刷屏”。这封邮件声情并茂，解释了自己为何要私有化特斯拉的原因，非常打动人心。

首先，最终决定尚未做出，但这么做是为了创造让特斯拉能更好运营的环境。作为一家上市公司，我们容易受到股价剧烈波动的影响。对于在特斯拉工作的所有人来说，股价波动可能会让他们分心，因为他们都是股东。上市也让我们受制于季度盈利周期，这给特斯拉带来了巨大的压力，迫使它做出可能适合某个季度，但不一定有利于达成长期目标的决定。最后，特斯拉作为股票市场历史上被做空最多的股票，上市意味着大量对特斯拉有攻击意图的人有机会采取行动。我深深相信，当每个人都专注于执行，专注于我们的长期使命，当人们没有错误的动机试图伤害我们正在努力实现的目标时，特斯拉才能处于最佳状态。

——摘自马斯克致全体员工的邮件

值得注意的是，CEO 通过自媒体发声一定要谨慎，绝不能为所欲为。马斯克在推特上宣布私有化，一方面让无数人触动，另一方面也给自己招来了灾祸。SEC（美国证券交易所）指控，马斯克对于私有化的潜在交易资金来源和资金方并不确定，在没有任何确定的交易条款、价格和融资合作伙伴的情况下，马斯克就公开了严重缺乏事实基础的言论，并导致了显著的市场混乱。最终，马斯克和特斯拉接受了 SEC 提出的整治方案，其辞去特斯拉的董事长职务，且 3 年内没有资格重新当选。而特斯拉成立一个新的董事会，指定专门的流程和程序对马斯克的公开言论和通讯进行监管。

马斯克是一个敢想敢干的“钢铁侠”，但是有时候又展示出柔软的一面。正是这种反差，让他显得更加真实，更加能让人们对其“钢铁侠”的人设有真切的认识。

例如，2018 年 8 月 17 日，马斯克在接受纽约时报采访时突然崩溃痛哭。他说，“过去一年是我整个职业生涯中最艰难、最痛苦的一年。睡不着的时候要么挨着，要么吃安眠药。整日整夜，没有孩子，没有朋友，除了工作，一无所有。”但是，在问他是否会选择放弃时，他说，“决不。我不知道什么叫放弃，除非我被困住或者死去。”

于是，无数人感动落泪，马斯克的“钢铁侠”人设（标签）不断得到了强化。

### 4. 周鸿祎的“斗士”

360 公司 CEO 周鸿祎的人设是“斗士”。他经常爱穿一件红色 Polo 衫，被称为“红衣大炮”“红衣教主”，他发起了著名的 3Q（360 和 QQ）大战、3B（360 和百度）大战，还和阿里巴巴、小米、搜狗等公司干过仗，成为中小企业与互联网巨头大战的代言人。

这里面，最有名的就是 3Q 大战。周鸿祎几乎就是靠着与腾讯的鏖战，把 360 公司带到美股的敲钟现场。他以小搏大，不断挑战巨头公司，让人惊讶于其韧劲的同时也让投资人看到了这家公司的发展潜力。

但是，这种和巨头的大战，也暴露了自己，让 360 成为巨头警惕和提防的对象。此后，360 和周鸿祎陷入了沉寂。以至于，在 2017 年 7 月，一篇文章《人民想念周鸿祎》被刷屏了，感叹周鸿祎从“斗士”变成了“隐士”。

> 中国互联网不需要死水微澜、铁板一块，需要你这样的挑战者。
>
> 中国互联网不能没有周鸿祎。不要整天跟一帮网红搞直播，首先你没有 Robin 帅，其次你的粉丝也不看直播。他们喜欢听你讲产品、讲创新，实在不行讲讲音箱也可以，大家都知道你是老炮儿。也不要整天跟那些老板、领导搞在一起，要走进群众、走进用户，你天生就是“2C”的人设，而不是“2B”的人设。
>
> ——摘自方浩的《人民想念周鸿祎》

周鸿祎对此进行了回应：“虽然过去两年的互联网有些无趣，但大家要有耐心。”“其实我知道，大家也不是想念我，是想念讲真话的人，是想念挑战者，怀念真正具有颠覆精神的人。而没有炮火声的互联网，无疑是无聊的。”

2017 年，周鸿祎出了自己的自传，书名叫作《颠覆者》。他这样说，“我独爱颠覆者，也青睐有颠覆精神的年轻人。因此，我将我的自传命名为《颠覆者》，以向那些拥有颠覆精神的人致敬。”

看来，周鸿祎想明白了自己的人设，应该是叫“颠覆者”，而不是“斗士”。该自传如此描述周鸿祎：“一个与僵化思维永远对抗的人，一个对未来趋势有动物般嗅觉的人，一个勇于进行颠覆性创新的人，一个自我驱动型的人，一个脾气急躁且难以捉摸的人，一个孤独的人。”

后来，周鸿祎也试图找回过去的人设。在 2018 年 6 月，周鸿祎发微博，高调要求人力资源部门要定期清理“小白兔员工”，否则就会发生“死海效应”。

但是，周鸿祎似乎很难再找回当年“斗士”的人设了。不过，想想也能理解，当公司从小到大的时候，需要借助与巨头的战斗来实现上位，一旦自己的公司做大了，就不能再像以前那样随随便便就树敌了。

正如周鸿祎在回复《人民想念周鸿祎》中所言，“公开场合我也会讲，但实际上，这个时代不缺讲话的人，缺讲真话的人，但真话比较刺激人，估计我讲多了，也会有人不爱听的。”

在自传中，他也解释了自己不再是斗士的原因，“到今天，我也已经开始反思自己的一些做法，随着时间的流逝，我不会像以往那样在公关方面“肆意妄为”，我希望给 360 一个和平发展的环境。”

## 5. 接受记者采访的技巧

接下来，我想讲一下 CEO 接受采访的技巧，或者换句话说，作为新闻发言人应该注意一些什么。

一定要注意，这里说的采访，不完全是指正式的采访。在这样一个人人皆媒体的时代，“采访”无时无刻地发生在各种场景下。它可能来自你在行业论坛做完演讲之后，也可能来自一个陌生的电话，或者出自你随便评论的一条朋友圈信息……

在接受采访的时候，你应该将记者当做什么呢？是对抗的敌人，是循循善诱的学生，是无话不谈的朋友，还是乖乖听话的下属呢？都不是，你应该将他们当作合作伙伴，进行平等交流的合作伙伴。

百度前总裁陆奇在参加一次活动的时候，演讲使用的一张PPT当中竟然出现了几处错误，将“前瞻布局”写成了“瞻前部局”、提升现有“业务”写成了“义务”。活动还没有结束，负面舆论就满天飞了。

联想集团董事长兼CEO杨元庆在国外接受媒体采访时，说的一句话，“联想不是一家中国公司”，在国内引发网友的集体吐槽。对此，杨元庆回应称，本意是想说，联想不仅要做一家成功的中国公司，更要做一家具有包容力的全球化公司，因为要做全世界的生意，要吸引全世界的人才和资源。

这些例子还有很多，都在说明，CEO应该重视采访，而且是重视无处不在的采访，并准确地进行应对。

在采访前，需要做精心的准备，要像准备一场商业谈判那样准备采访。要知晓你的记者的基本情况，知道他选择采访你的原因及内容，还要知道其他接受采访的对象，比如竞争者、分析师或者合作方。需要提前了解采访问题，预先考虑他们可能提出的问题，要了解最新的统计数字，准备要沟通的主要信息。

在采访中，最核心的要求有两点：传递你准备的核心信息和在采访的过程中掌握主动权。在每一个答案中至少包含一个核心信息，简单来说，采访的终极秘诀就是“核心信息+掌握主动”。

什么是核心信息？还记得我们在本书一开始的时候说的“信息房理论”吗？它就是帮助我们制定核心信息的方法论和工具。一定要明确采访的本质：采访不是回答记者的问题，不是被记者牵着鼻子走，做采访的根本目的是传递自己想要传递的核心信息。

如果明确了采访的本质，知道了采访的终极秘诀，那么面对一些敏感问题，就知道怎么做了。

总体来说，面对敏感问题有如下几个技巧。

- **搭桥法**：就是无论记者问什么样的敏感问题，在回答的时候，搭一个桥，回到你的核心信息。
- **扩展法**：就是当记者问负面问题时，扩大负面问题的受众面，例如从自身扩展到整个行业。比如，当年苹果公司 CEO 乔布斯被问到苹果股价大跌的时候，乔布斯说下跌的原因是因为行业原因，绝大多数的互联网和高科技公司的股票都有很大的下跌。
- **变换法**：就像半瓶水，你可以说是半空，也可以是半满，取决于同一个问题，你解释的角度。例如，京东当年亏损的时候，负面声音说是京东模式问题、面临资金链断裂，而京东自己的解释是因为对未来的投入，其实可以随时盈利。

- **引导法**：就是从“Q-A”到“A-Q”，即在回答记者的问题的答案中，植入新的信息，从而将记者的问题吸引到新的信息上。

在采访中，也有如下的禁忌，需要特别注意。

- **禁忌提供虚假信息**：在采访时，一定要说真话，因为如果你说了一个慌，可能需要再说十个慌来弥补。可以只说部分真话，但是就是不能说假话。如果不知道答案，也没什么大不了的，只需要和记者说出原因即可。
- **禁忌提供不做记录的信息**：在采访结束时，记者在关掉录音笔的时候，往往会再和你闲聊几句话，这个时候需要特别注意，即使记者没有录音，你说的每一句话都很有可能出现在报道中。
- **禁忌被记者激怒**：有的记者，就是通过故意激怒你，然后好拿到第一手的新闻。例如，在一次媒体采访中，冯小刚就拒绝了一个以前曝光过他住址信息的记者的询问，并且大声说道，以后再也不接受这家媒体的采访，并且对着这位记者说道，你再问，信不信我抽你！实际上，这个记者的采访更像是挑衅，故意激怒冯小刚，然后借题发挥写新闻。

在采访结束后，你和你的团队要分析采访得失，感谢记者并沟通采访效果，而且要根据记者需求提供相关资料。

实际上，只要掌握以上的原则和技巧，加上经常模拟演练，在接受记者采访的时候一定是能够做到游刃有余的。

## 6. 小结

最后，我们小结一下，CEO 的人设非常重要，尤其是在互联网时代。CEO 的人设，就是 CEO 的标签，也是企业或者品牌的标签。

俗话说，细节决定成败。一旦人设确定，CEO 就要不断用行动和相关内容来强化这个人设。总结上面的四个例子，可以看到他们有一些共同点。

第一，CEO 的人设，需要符合其个人的特点。例如，马云的“老师”，周鸿祎的“斗士”，雷军的“厚道”都非常符合他们个人的性格特点和成长历程。

第二，CEO 要想强化人设，都需要经营好自己的自媒体。上面的几个 CEO，都有自己的官方微博或者官方微信，而且都特别喜欢和粉丝进行互动。为了彰显自己的人设，他们有的还积极参演各种节目、出演影视作品，如马斯克出演《钢铁侠》。甚至还有人出书，如周鸿祎的《颠覆者》。

第三，抓住关键节点进行事件传播。如雷军在小米上市的关键节点，通过发表公开信，得到朋友圈的大咖助力，完成了“厚道”标签的强化。马云在教师节围绕“退休”这一个关键节点，也做了一手好的借势传播。

第四，放低身段，真情流露。现在的网友越来越不喜欢看起来完美，其实“假大空”的人，而是喜欢真性情的人。

在这里，要特别和大家讲一讲 CEO 人设中的“弱传播”理论。厦门大学教授邹正东认为，现实世界和舆论世界是两个截然不同的世界，企业 CEO 在现实世界中是强者，但是在舆论世界中却是弱者，要想赢得舆论世界，就需要“示弱”，或者“和弱者连接在一起”。而且，现实世界中是理大于情，但是在舆论世界中是情大于理，即在舆论传播时摆事实、讲道理很多时候不管用，以情感人却往往能奏效。

所以，CEO 要想塑造好的人设，就需要走下神坛，放低身段、真情流露。这样，CEO 才是有个性的人，比如马斯克面对采访时落泪，就感动无数人。又比如京东集团 CEO 刘强东在参观员工宿舍时发怒，表态要让员工住得更好，也让自己的形象大为加分。

第五，CEO 在塑造人设的过程中，如果能够形成一个有持续力的“超级符号”，将能对人设形成强力的支撑作用。

例如，有的 CEO 就是用持续不变的穿衣风格作为自己的人设体现。乔布斯喜欢穿黑色高领毛衣（或者黑色衬衫）和蓝色牛仔裤，和其“极简”的人设相符；Facebook 的 CEO 扎克伯格是同一件衣服买 20 件，每天穿，这也是为了塑造起技术出身，穿衣简朴的人设；周鸿祎经常穿红色的 Polo 衫，红色代表着激情、战争，和其“斗士”的人设非常匹配，他曾经告诉人们，我不叫周鸿祎（wei），我叫周鸿祎（yi），所以穿红衣。

现在，如果从“超级标签”的角度看一下，CEO 或者一些公众人物中有哪些有独特的标签呢？这些超级标签，可以是外形的特点，也可以是发型、眼镜、服饰、道具等造型，也可以是招牌动作。

例如，巨人网络史玉柱的“红 T 恤+白休闲裤”，罗振宇的“胖”，《凯叔讲故事》中王凯的“光头”，营销人叶茂中的棒球帽，湖南卫视主持人汪涵“没有镜片的眼镜”等，都是一种超级标签的道具，对自己的差异化和独特性起到了很好的支撑作用。

如果人设出现危机，也要注意及时进行危机管理，实现修补。

例如，百度在 2016 年遇到了危机，除了百度公司进行危机管理，百度 CEO 李彦宏也在通过一系列的行动来让自己变得更加亲民。

2017 年 2 月，李彦宏参加贝尔主持的《越野千里》节目，希望打造出一种“硬汉柔情”的人设。李彦宏这样儒雅的互联网大佬，“竟然”跟随“食物链顶端的男人”贝尔，在泥地打滚、肢解牦牛尸体、吃半生的牛心……在节目里，李彦宏的妻子马东敏和女儿 Brenda 也一起出镜，引起了舆论的关注。

李彦宏打“家庭牌”起到了不错的效果，其中李彦宏女儿 Brenda 的出镜率越来越高。在 2017 年的百度 Summer Party 上，李彦宏带着女儿出场表演节目。在 2018 年百度贺岁片上，穿着大红色衣服的李彦宏和女儿 Brenda 搭档出镜，被用来作为除夕当晚手机百度的开屏动画。在 40 秒的 H5 动画中还包含了“搜索+信息流”、百度无人车、度秘、爱奇艺等百度元素。

总体来说，互联网公司的 CEO 在这方面都特别注意，也形成了鲜明的人设，建议大家可以仔细观察，用心体会。

所以，CEO 最好的传播，依然是“贴标签”，就是设定适合自己的标签，然后不断强化、传播！。

# 后记
## 职场如商场

在本书接近尾声的时候，相信你对超级标签理论有了比较深刻的认识：你的企业或者品牌需要树立一个正确而有效的超级标签，然后通过一系列的策略进行强化、传播，从而改变用户心智。

对于企业或品牌如此，对于个人的职业发展，又怎么不是如此呢？

“扬长补短”和“扬长避短”是我们耳熟能详的词语，一字之差，但意义迥异。我们在职业发展时到底应该扬长补短，还是扬长避短呢？

扬长补短，依据的是木桶原理：一个木桶要盛满水，必须每块木板都一样平齐且无破损，如果这个桶的木板中有一块不齐或者某块木板下面有破洞，这个桶就无法盛满水。一个木桶能装多少水，并不取决于最长的那块木板，而是取决于最短的那块木板。

但是，现在我却越来越信奉扬长避短。因为一个人到了成年，各方面实际上已经定型，与其将很多的时间和精力放在“补短”上，不如去“扬长”，两者带来的投入产出比不是一个数量级。“避短”最大的可能是让你成为一个看似全面却没有核心优势的庸人，而“扬长”才能让你鹤立鸡群，特色鲜明。

木桶原理，最近也有了新解，进化为新木桶原理。所谓新木桶原理，即一个木桶能盛多少水，不在于短板有多短，而是长板有多长。如果有一个支点，木桶持续倾斜的话，可以无限延长木板，从而能盛无限多的水。

所以，我们在职场发展中，就要多“扬长”，形成自己鲜明的超级标签。一个人的成功，和企业、品牌一样，也需要贴标签。

这和我们以前接受的教育不同，小时候，老师教育我们，一定要“德、智、体、美、劳”全面发展，一定要当三好学生，一定要考多个 100 分。这种教育模式，教育的目标是全面的人才。但是，在当今世界各门学科都日益精进的情况下，想要成为全才基本上没有可能，最好的办法是将自己的优势发挥到极致，成为专家。

乔布斯不擅长交际，脾气暴躁，但这不妨碍他将创新精神发挥到极致，带领苹果公司改变了世界；马克·吐温投资开发打字机，最后赔掉了 5 万美元，一无所获，后来他弃商从文，终于成为一代文豪……类似的例子有很多，尺有所短，寸有所长，只要你找到自己的所长，发挥出来，照样可以在竞争激烈的社会中拥有一席之地。

现在，请你闭上眼睛，想一下如果用一个关键词（标签）来形容你自己，会是什么？如果你一时想不出来，这说明你需要重新反思自己的职业路径是否正确，并且以后要千方百计地形成自己的独特标签，然后不断强化。

强烈建议请重新阅读本书，将书中的品牌换成你自己，是不是有不一样的认识。是的，给品牌贴标签或者撕标签的很多方法论，同样适用于个人的标签塑造、职业发展。

例如，在制定你的个人标签的时候，需要三条线交汇一个点，这三条线分别是“势”（必须符合行业和社会需求的趋势）；个人特点（必须符合自己的性格特点）；相比其他人的独特优势（只有独特才能脱颖而出）。

正如本书所总结的，制定标签的方法有：用户为王、顾名思义、平起平坐、冲突卡位、升维进化、娱乐无敌、万物皆媒、传播即运营等方法。这些方法实际上不仅是方法，更是新的思维方式。

用户为王要求具有用户思维，摒弃自我视角，回到用户视角这个原点。

顾名思义讲述的是“你的名字是最大的流量入口”，要特别注意个人品牌的树立，本质上是个人标签的设计和传播，要形成自己独特的符号。

平起平坐实际上是搭车思维，永远和正确的人连接在一起。

冲突卡位实际上是冲突思维，也是一种另类的搭车思维，通过挑战相似标签的强者而突出自己的标签。

升维进化实际上是升维思维，不要和对手在一个维度的红海中挣扎，而是跳出来，上升一个维度思考和行动。

娱乐无敌实际上是娱乐思维，在这样一个娱乐至死的时代，很多时候过于严肃反而很无趣，有娱乐性才能有最大的传播力。

万物皆媒实际上是媒体思维，是一切皆为流量入口，任何事物都可以成为传播的渠道和阵地。一切借媒体、内容即广告。无数用户的自传播聚集起来就是最大的传播源。

传播即运营要求我们在传播时有运营思维，不要每一次都重来一遍，而是要将传播做成产品，能够沉淀下来；要将传播做成平台，能够整合一切可以整合的资源；要将传播做成运营，本质上是和用户持续互动，改变他们的心智。

这些思维方式，无论你是做品牌传播，还是个人职业发展，都值得深入思考、积极实践。

比如，我认识的一个同事，他特别擅长做 PPT，平时开了一个微信公众号，业余时间会写一些 PPT 的制作技巧。逐渐地，他有了“PPT 高手”的标签，甚至有人给起了一个绰号“PPT 小达人”，后来，他甚至在名片上印上了这个绰号，不断强化，在后续工作中，他因为这个标签受益匪浅，这也是“顾名思义”。

又如，职场中经常会发生冲突，但是有的人是为了冲突而冲突，仅仅是想通过冲突来发泄怒火。在我看来，除非你发起冲突能够强化、突显自己的标签，否则就是得不偿失。实际上，在职场中，最应该做的是求同存异，找到一切机会壮大自己才是正道。当冲突发生时，冲突是低维的动作，而不冲突，通过合作实现双赢是升维，这就是我们之前讲的竞争思维与生态思维的差异。

再如，什么是职场中的“平起平坐”？就是始终和优秀的人在一起，三人行，必有我师焉！眼中看到的永远要是别人的长处，因为这样能让你学到东西，反之，眼里总是看到别人的缺点，对你没有丝毫用处。

还有，什么是职场中的“运营思维”？就是要将自己作为产品去运营，你是自己的产品经理。不要经常毫无目的地跳槽，否则无法对自己的超级标签形成沉淀。京东有一个“三五原则”，即在招聘人才的时候，不要那些五年内跳槽三次的人，这样的规定在其他很多公司都有，如果你的跳槽轨迹杂乱无章而且非常频繁，将会严重影响你的职场竞争力！

我曾经写过一篇文章，《致在大公司工作三年以上的人：恭喜你成为废人》。很多在大公司工作时间长的人，最终都变成了螺丝钉，重复着相似的工作。其实，你最应该成为的是U盘，不断吸取平台的营养，在为公司贡献的同时，也为自己充电，壮大自己。当你有朝一日离开平台的时候，如果你是螺丝钉，将毫无用处，成为一块废铁，而如果你是U盘，你将能自我运转，成为超级个体！

祝愿所有读者都能找到、形成、强化属于自己的那个“超级标签”，成为一个超级个体！

# 反侵权盗版声明